PSICOLOGÍA DEL DESARROLLO

DESARROLLO

FUNDAMENTOS

Fomentar de manera óptima el desarrollo en la infancia y la juventud e identificar trastornos en una fase temprana.

Acompañar a los niños con amor hasta la edad adulta

VERONICA LENZ

ÍNDICE

I. INTRODUCCIÓN

Desde que un recién nacido llega al mundo, empiezan a desencadenarse diferentes procesos y desarrollos que siguen su curso. Gracias a la naturaleza, los seremos humanos estamos preparados prácticamente para muchas de las facetas que se nos presentan en la vida a partir de ese momento, por lo que una gran parte de estos desarrollos graduales se pueden definir como predeterminados. No obstante, para que se puedan llevar a cabo, se requiere el apoyo de los padres, y nos referimos tanto a procesos físicos como psicológicos que se inician de manera intuitiva desde que tenemos un hijo. Cuando nos convertimos en padres, nos encargamos de alimentar a los pequeños y, en general, de cuidar su bienestar. Con la edad, el desarrollo del niño se acelera, se descubre el mundo que lo rodea, se inicia la exploración del entorno y se viven las primeras experiencias valiosas. En este caso, se trata de etapas del desarrollo que los niños realizan de forma automática e inconsciente, pero en cuanto perfilan las primeras habilidades cognitivas, perciben una amplia variedad de estímulos e influencias. La información asimilada de esta manera se interpreta y procesa vez más con más conciencia a medida que la edad aumenta y es aquí donde comienza el verdadero trabajo de los padres, pues lo que muchos desconocen es que la cognición de los niños y todo lo que perciben conscientemente tienen una influencia directa en su desarrollo personal. El aprendizaje de los valores, las normas y las convenciones sociales se establece de forma automática, pero se registran todas las impresiones que ejemplifica el entorno, lo que significa que los niños se orientan hacia su ambiente desde muy temprana edad. Toda la información obtenida de ese modo se almacena inicialmente sin ningún tipo de reflexión, por lo que podemos afirmar que los niños están sujetos a la influencia directa de su entorno.

Al mismo tiempo, todos los datos garantizan con el tiempo el desarrollo de la psicología infantil, que abarca el conjunto de las experiencias humanas y el comportamiento. Dado que se trata de un proceso interminable, el aprendizaje y el desaprendizaje nunca se detienen, de ahí que se pueda aseverar que toda experiencia e influencia externa pueden afectar la psique de un niño. En definitiva, su desarrollo depende en gran medida de las experiencias que tenga y de lo que ejemplifiquen sus padres y semejantes. Las aptitudes y características resultantes tienen, a su vez, una influencia considerable en el desarrollo de los valores morales, de las habilidades sensoriales y motoras, en la inteligencia y las emociones, así como en el comportamiento social. Quienes se dedican en profundidad al análisis de la psicología del desarrollo identifican un amplio abanico de conexiones complejas que resultan útiles en la educación de los niños y, además, reconocen los errores que se deben evitar en ella.

2.

¿QUÉ ES LA PSICOLOGÍA DEL DESARROLLO Y DE QUÉ ELEMENTOS SE COMPONE?

La **psicología del desarrollo** trata del conjunto de todos los cambios y desarrollos interindividuales que experimentamos y la manera en la que nos comportamos en diferentes situaciones. En este sentido, el término como tal define el lapso vital completo y, con respecto al desarrollo de los niños, describe este desde el nacimiento hasta la conciencia plenamente desarrollada al final de la adolescencia. El objetivo de esta rama de la psicología no es otro que el conocimiento y la observación en perspectiva de todos los aspectos que influyen en el correspondiente desarrollo y, de esta manera, se genera la posibilidad comprender las propias acciones y el pensamiento, las **habilidades cognitivas y motoras**, además de las **competencias sociales**, y de optimizarlas si es necesario.

«Las competencias interpersonales se han estudiado durante mucho tiempo en varios campos de investigación y abarcan una extensa gama de habilidades. De acuerdo con la definición de Rüdiger Hinsch y Ulrich Pfingsten (cita de Kanning, 2002), una persona se comporta de manera socialmente competente si es capaz de llevar a efecto con éxito sus propios intereses en las interacciones con otras personas. Según esta definición, prevalece la asertividad del individuo. Por su parte, David DuBois y Robert Felner (cita de Kanning, 2002) establecieron otro enfoque según el cual una persona es socialmente competente si sabe adaptarse a las condiciones sociales de su entorno, definición que enfatiza la adaptación del individuo a las normas y los valores del ambiente. Uwe Kanning (2002) ofrece una explicación que tiene en consideración los dos aspectos, de modo que describe el comportamiento socialmente competente como aquel que intenta crear un equilibrio entre los intereses de las partes involucradas. En el mejor de los casos, el comportamiento socialmente competente contribuye a que todos los participantes puedan materializar sus intereses en la misma medida. Esta definición trata de conciliar la consecución de los propios intereses con la adaptación al entorno social. Ambos aspectos se conectan en el empeño de crear un equilibrio socialmente aceptable que posibilite las relaciones y la cooperación a largo plazo».[1]

---

[1] Pfeffer, Simone (2019): *Sozial-emotionale Entwicklung fördern – Wie Kinder in der Gemeinschaft stark werden* (Fomento del desarrollo socioemocional: cómo los niños se vuelven fuertes en una comunidad), Herder Verlag, Freiburg, pág. 12

3.
PSICOLOGÍA DEL DESARROLLO

La psicología del desarrollo se basa en una multitud de enfoques cuya totalidad abarca una extensa amalgama de áreas temáticas. Para entender el conjunto, es necesario someter cada una de ellas a un minucioso análisis. El primer concepto reconocido científicamente para hacer referencia al desarrollo de los niños pequeños se remonta al psicólogo alemán Karl Bühler, quien en 1918 definió el concepto tradicional de etapa en el que todavía se basan las nociones actuales. A lo largo de los años, el concepto original de Bühler se ha ido ampliando cada vez más y su objetivo era tipificar el desarrollo de los recién nacidos durante los primeros meses de vida. En consecuencia, la primera fase del desarrollo es la llamada «etapa del sonajero», seguida de la «etapa del corredor» y la «edad del chimpancé». A estas les siguen la «edad de las preguntas de nombres», la «edad de las preguntas por qué», la «edad de los cuentos de hadas» y la «preparación escolar».[2] Sobre la base de este concepto, otros psicólogos, incluida Charlotte Bühler, idearon nuevas nociones que se extienden hasta la edad adulta. El objetivo principal de la investigación durante estas diferentes fases se centraba en las características o habilidades particulares que existían o no existían antes y después de una respectiva etapa, en la que se intentaba darles sentido.

---

[2] Montada, Leo; Lindenberger, Ulman; Schneider, Wolfgang (2012): *Fragen, Konzepte, Perspektiven* (Preguntas, conceptos, perspectivas), pág. 28. En: *Entwicklungspsychologie* (Psicología del desarrollo), Schneider, Wolfgang; Lindenberger, Ulman (Hrsg.), Beltz Verlag, Weinheim, Basilea

Por esta razón, podemos suponer que la psicología del desarrollo es un campo bastante reciente, aunque en realidad sus orígenes se remontan mucho más atrás en el tiempo de lo que la mayoría cree. Ya en el siglo IV a. C., los filósofos de la antigua Grecia abordaban la cuestión de cómo la predisposición a factores ambientales externos podía influir en el desarrollo infantil. En primera línea, se situaban los conocidos filósofos Platón y Aristóteles, quienes se dedicaron a tratar y comprobar todo tipo de aspectos cuestionables. No obstante, sus puntos de vista presentaban diferencias: Platón estaba firmemente convencido de que los niños nacen con determinados conocimientos básicos que se activan en el transcurso de los primeros años de vida, mientras que Aristóteles opinaba que todo el saber solo se adquiere a partir del nacimiento de manera gradual a través de la experiencia. Aunque los dos pensadores no estaban de acuerdo en todos los puntos, existía una gran percepción común en sus opiniones y ambos estaban convencidos de que valores y normas importantes, como la disciplina o la capacidad de autocontrol, debían inculcarse meticulosamente y no podían surgir sin la intervención de los adultos en cuanto a la transmisión de conocimientos. En ausencia de una educación adecuada, existe el riesgo de que los niños se conviertan en rebeldes o anárquicos.

Sorprendentemente, también fueron otros filósofos y no la medicina convencional quienes se iniciaron en la temática de la psicología del desarrollo. En el siglo XVII, según la perspectiva actual, el filósofo inglés John Locke es considerado un pionero en este campo, cuyo enfoque fundamental se basa en las teorías de Aristóteles. Además, formuló las habilidades de los recién nacidos del siguiente modo: los bebés son hojas de papel en blanco que nacen sin ninguna habilidad ni destreza social y se forman exclusivamente por la influencia de sus padres y del entorno durante los primeros años de vida, etapa en la que describe la transmisión de la disciplina como el activo más importante para que los niños puedan convertirse en individuos socialmente aceptables. En el siglo XVIII, el filósofo francés Jean-Jacques Rousseau se opuso a esta teoría porque estaba firmemente convencido de que todas las condiciones básicas indispensables ya existen al nacer. En su opinión, los niños deberían poder crecer con la mayor libertad posible y sin la influencia de los adultos, lo que garantiza que puedan seguir su desarrollo natural sin influencias externas. Desde la perspectiva actual, podemos afirmar que los dos filósofos posteriores mencionados en particular tenían toda la razón, pues es cierto que los niños no son hojas de papel completamente en blanco que deben ir completándose, sino que poseen una variedad de habilidades básicas. Ahora bien, la forma en la que se desarrollan en el transcurso de los primeros años de vida depende en gran medida de las influencias externas y, sobre todo, de los padres. Existe una interacción directa entre el aprendizaje y el desarrollo que, en última instancia, son el resultado que se logra a través de la experiencia con el entorno. En resumen, esto quiere decir que todo niño nace fundamentalmente y de alguna manera con disposiciones idénticas cuyo nivel de desarrollo depende en gran parte del entorno en el que crecen, de los valores y conocimientos que se les enseñan y de su vida espiritual. En cualquier caso, solo se puede aprovechar el potencial del desarrollo completo de un niño cuando confluyen todos estos factores.

3.1 Por qué difiere el desarrollo de una persona a otra

Dado que son innumerables los factores que repercuten de manera directa en el desarrollo infantil, este también varía de un niño a otro y, aunque los filósofos de la Antigüedad formularon teorías al respecto, aún no se ha explicado por completo el **proceso de desarrollo** de la psique humana. De hecho, incluso en la actualidad, los médicos y científicos siguen tratando de encontrar respuestas a la pregunta de si la inteligencia es una habilidad innata o si se manifiesta de manera distinta únicamente a través de las influencias durante los primeros años de vida, aunque en general han llegado a un cierto consenso. Por esta razón, hoy en día se asume que le verdad se halla en algún punto intermedio entre todas las teorías. El desarrollo se considera una interacción compleja de sistemas aportados y heredados, así como de influencias del entorno directo desde el momento del nacimiento. Por un lado, los niños nacen con disposiciones diferentes y diversas debido a la genética y, por el otro, crecen en distintos entornos sociales que causan divergencias en las influencias externas durante el período de desarrollo. Además, estas también repercuten significativamente en el grado de desarrollo de las disposiciones aportadas y los factores determinantes son el entorno social, la vida familiar, la clase social y la cultura en la que se nace.

«A los dos años, ya empezamos a vernos como un ser independiente. En los años siguientes, seremos capaces de empatizar con las emociones, los pensamientos y las acciones de otras personas y de pensar en ellos. En este sentido, acumulamos experiencia: cada persona tiene sus características, aptitudes e ideas individuales. Comenzamos a compararnos con otras personas a más tardar en la edad escolar temprana y mantenemos esta conducta durante toda la vida. De adultos, nos comparamos con nuestros semejantes, por ejemplo en términos de apariencia, posición laboral y social, rendimiento e ingresos. Presumimos de nuestras virtudes y nos quejamos de nuestros defectos y también nos preguntamos cómo nos perciben otras personas. Asimismo, frenamos nuestro propio desarrollo constantemente con preguntas del tipo: ¿Qué tenemos que aceptar de nosotros como «dado» y qué podemos cambiar si nos esforzamos un poco más? A lo largo de los años, debemos darnos cuenta de que no existe una fórmula mágica que nos muestre cuál es la mejor manera de afrontar la vida, aunque así nos lo quieran hacer creer innumerables consejeros con sus promesas. Por lo tanto, este libro tampoco pretende ofrecer una «solución milagrosa», sino que más bien trata de acercar al lector a la individualidad de los seres humanos y sus diversos esfuerzos por sobrevivir en este mundo. Porque aún luchamos con la individualidad. Pensamos y actuamos como si todos fuéramos iguales, tuviéramos las mismas necesidades y pudiéramos hacer lo mismo, pero ese no es el caso en realidad y no existen reglas universales para vivir en armonía con el entorno».[3]

La estructura genética básica con la que un niño llega al mundo está directamente relacionada de muchas formas con la estructura genética que sus padres también tenían al nacer. Dicho de una manera más simple, muchos comportamientos se heredan inicialmente. Podemos citar como ejemplo el temperamento, ya que los estudios científicos han puesto de manifiesto que unos padres carentes de tranquilidad y serenidad transmiten estas características al niño en la mayoría de los casos. No obstante, no queda claro si estas cualidades están presentes desde el nacimiento, es decir, si se heredan, o si solo se transmiten debido al comportamiento de los padres en el transcurso del desarrollo del niño. Asimismo, hay otro aspecto llamativo en este proceso y es que, a medida que crecen, los niños pueden integrarse de forma independiente en un entorno que se corresponde con sus propias predisposiciones. Ahora bien, no se trata de una

---

[3] Largo, Remo, H. (2019): *Das passende Leben – Was unsere Individualität ausmacht und wie wir sie leben können* (La vida correcta: lo que define nuestra individualidad y cómo podemos vivirla), Zeitverlag Gerd Bucerius, Hamburgo, pág. 12

decisión consciente, sino más bien inconsciente, por lo que las investigaciones sugieren que debe tratarse de condiciones heredadas que, en el mejor de los casos, se pueden potenciar pero no aprender. Como ejemplo, se puede citar la **motricidad**, ya que los niños no comprenden las habilidades motoras, es decir, la capacidad de cómo empleamos y usamos nuestro cuerpo y, sin embargo, es mucho más probable que los niños con habilidades motoras practiquen disciplinas deportivas. La facultad innata de la motricidad tiende inconscientemente hacia una dirección en la que se puede desarrollar más. Por otra parte, existen niños que son más bien tímidos e introvertidos por su carácter y los valores que les transmiten sus padres y, aunque poseen habilidades motoras muy pronunciadas, tienden a evitar jugar o hacer deporte con otros niños. Y esto se convierte en un problema si ese estado no se modifica activamente y, a la larga, disminuyen las oportunidades para establecer **contactos sociales**. Como resultado, se inhibe este desarrollo y se limitan las habilidades de los componentes sociales. Además, existen otro tipo de niños que son los dotados de inteligencia que no están interesados en las actividades deportivas ni en pasar tiempo con sus compañeros. Por el contrario, su atención se centra en la sed de conocimientos que satisfacen, por ejemplo, a través de la lectura. De esta forma, se mejoran significativamente las habilidades cognitivas, es decir, la capacidad de asimilar y procesar el conocimiento,

Si consideramos cada uno de estos tipos distintos de procesos, resulta evidente que existen ciertas predisposiciones que están presentes desde los primeros años de la infancia y que se desarrollan instintivamente. Para poder actuar en la sociedad de la manera más amplia posible y desempeñar una función importante en dicha estructura social, no basta con dar preferencia a las tendencias del desarrollo individual. La persona que solo practica el deporte suele descuidar el desarrollo cognitivo y quien únicamente se ocupa de las **habilidades cognitivas** pierde la oportunidad de desarrollar la motricidad. Y, del mismo modo, quienes se encierran en su interior, encuentran dificultades a la hora de crear contactos sociales. Es innegable que se trata de un argumento bastante claro para los adultos y, sobre todo, comprensible, pero los niños no tienen esta perspectiva. En resumen, podemos afirmar que los niños se desarrollan de alguna forma incluso sin la intervención de los padres. Sin embargo, para facilitar la mejor preparación posible para la vida, es esencial que los progenitores se encarguen de los hijos pequeños y que, de vez en cuando, los dirijan en la dirección correcta. En definitiva, esta es la única forma de garantizar que se active por igual el desarrollo de diferentes habilidades y capacidades.

3. 2 La infancia se basa en diferentes etapas y tareas de desarrollo

El hecho de que la ciencia se haya ocupado de abordar la psicología del desarrollo durante tanto tiempo ha dejado una huella visible en nuestra comprensión de la disciplina. A principios del siglo XX, se presentaron las primeras teorías detalladas sobre el desarrollo humano en la infancia y la adolescencia, la mayoría de las cuales siguen vigentes en la actualidad. El factor decisivo para el aumento de los conocimientos en esta área fue la creación de varias cátedras destinadas específicamente a la investigación sobre la infancia en muchas universidades de toda Europa. Esto marcó el comienzo de una época que continúa hasta el día de hoy y que se dedica de manera intensiva y sistemática a la investigación en este campo. Sigmund Freud es uno de los máximos representantes destacados que elaboró trabajos extensos y detallados, aunque no era su intención originalmente. Como psicoterapeuta, conoció sin cesar a personas con trastornos mentales a quienes trataba y llegó a la firme convicción de que una gran parte de los problemas se remontaba a la infancia, así como al desarrollo intelectual y social durante ese período. A partir de este entendimiento, formuló una primera teoría sobre el desarrollo infantil que, en su opinión, tiene lugar en varios niveles o fases donde cada niño atraviesa diferentes conflictos. Las soluciones o las que simplemente no se encuentran con respecto a los conflictos son esenciales para la salud mental del niño en la edad adulta.

Al **primer paso** de su teoría de las etapas del desarrollo, Freud la denomina **fase oral** y, en ella, el niño aprende gradualmente a abandonar la necesidad de mamar y cambia inconscientemente la manera de alimentarse. Por supuesto, esta fase está controlada o influenciada por la madre. Mientras que algunas madres amamantan a sus hijos durante más tiempo, otras prefieren dejar de hacerlo antes y cambiar la dieta de sus niños. En ese momento, la fijación del niño en la figura materna puede tener un impacto significativo. A la fase oral le sigue la llamada **fase anal**, en la que se le enseña al niño la importancia de la limpieza y los padres le transmiten las normas básicas de higiene. Así, entre otras cosas, se le introduce en el empleo del inodoro o del lavabo. De esta manera, el niño aprende que la higiene es importante, aunque la conciencia real respecto a este tema aún no se haya desarrollado. Por el contrario, Freud describe el período de la educación primaria como latente y donde no existen conflictos críticos que deban resolverse. Ahora bien, reconoce que es una época de suma importancia para el comportamiento social porque a los niños se les enseñan por primera vez y de forma consciente las reglas, las normas y los valores. Asimismo, aprenden lo que significa una clase y cómo comportarse durante el horario escolar, y se les proporcionan recompensas en forma de valoraciones a través de calificaciones que permiten evaluar el rendimiento de manera positiva y negativa. Además, los niños empiezan a buscar amigos, compañeros de juego y actividades por su cuenta, ya que la conciencia está tan desarrollada que pueden reconocer sus propias preferencias, prioridades o aficiones y orientarse hacia ellas.

El enfoque de Freud sobre el desarrollo gradual infantil también fue perfeccionado por sus alumnos, como es el caso de Erik H. Erikson que elaboró una teoría sobre el desarrollo psicosocial de los niños, que se basaba fundamentalmente en las etapas del desarrollo establecidas por su profesor. En el centro de este modelo se situaba la asignación de tareas específicas para cada etapa del desarrollo. La primera tarea era lograr la **confianza básica**, que no es más que una confianza natural que se desarrolla a través de la relación entre madre e hijo durante los primeros meses de vida. La base de la confianza básica está constituida por los conocimientos que el niño absorbe y emplea inconscientemente en este punto de su desarrollo. La confianza básica solo se puede alcanzar si los padres crean una relación cercana con su hijo, ganándose así la confianza, pues se siente querido y protegido.

«La persona de referencia social es la madre, quien no solo satisface las necesidades básicas elementales del niño al darle el pecho, como comer y beber, sino que también le proporciona satisfacción oral. La madre asume el papel de abastecedora en la que el niño puede confiar. La confianza no solo se limita a la persona de la madre, sino que, según Erikson, también se aplica al bebé en sí. Por *confianza* entiendo tanto una confianza esencial en los demás como un sentimiento fundamental de la propia confiabilidad». «Aquí es donde se forma la base del sentido de identidad que luego se convierte en la compleja sensación de *estar bien*, ser uno mismo…» […] Esta crisis parece ser una coincidencia temporal de tres desarrollos: por un lado el fisiológico, es decir, en el que el bebé siente la creciente necesidad de apropiarse de cosas y observarlas, por el otro el psicológico, donde cada vez es más consciente de ser un individuo y, finalmente, se habla del desarrollo con el entorno, en el sentido de que la madre aparentemente se aleja del niño y se dedica a otras ocupaciones. En este caso, es posible que el niño entienda este alejamiento como una retirada del amor maternal. [...] Las experiencias positivas, como la seguridad, la calidez, la confiabilidad, la atención y el cuidado, deben pesar más que las experiencias negativas y las frustraciones, como el tener que esperar a que se satisfagan las necesidades, la decepción, la soledad, el desprecio o el dolor físico».[4]

En la siguiente etapa del desarrollo, el niño empieza a actuar por primera vez de manera **autónoma** y de forma proactiva y, dicho de este modo, suena más a ciencia de lo que realmente es. Estamos seguros de que conoces innumerables ejemplos de posibles desarrollos y que los has experimentado de cerca. Este paso incluye la capacidad de avanzar hacia los objetivos de forma independiente con una segunda intención. El ejemplo más simple y conocido en este sentido es el momento en el que los niños pequeños empiezan a gatear, donde el gateo en sí no se debe necesariamente a la necesidad de moverse, sino que es más bien un medio para lograr un fin. El niño ve, por ejemplo, un objeto que llama su atención y, para poder observarlo más de cerca y adquirir experiencia, se acerca a él; por lo tanto, utiliza las posibilidades que tiene a su disposición de forma intuitiva. Como aún no puede caminar erguido, el objetivo se fija en el ojo y gatea en su dirección. Ahora bien, el niño aún no es capaz de pensar en términos de espacio y de clasificar las situaciones en su conjunto, sino que solo tiene la capacidad de buscar un punto fijo central al que apuntar y controlar específicamente.

«El tercer y cuarto estado o el segundo período (aproximadamente del séptimo al undécimo mes) de la etapa sensomotora se caracteriza por la coordinación de la visión y la comprensión. La percepción espacial se sistematiza cada vez más a través de la mejora en la coordinación de las acciones y de los diversos espacios prácticos y conduce a la permanencia inicial de los objetos. El espacio de percepción inmediato se extralimita

[4] Scheck, Stephanie (2014): El modelo de etapas por Erik H. Erikson, Bachelor + Master Publishing, Hamburgo, pág. 4 f.

gradualmente a un sistema simple de grupos reversibles: el niño, por ejemplo, puede coordinar el espacio visual y el espacio de agarre describiendo caminos reconocibles para objetos desplazados, es decir, participando en una búsqueda activa y simple del objeto perdido, pero limitada a grupos reversibles. Por lo tanto, la búsqueda *no se refiere todavía a los movimientos libres de los objetos en movimiento ni al propio cuerpo, concebidos como objetos.* En otras palabras, el espacio en este período se distingue por primera vez en cambios de posición, es decir, cambios de situación y de estado (cambios irreversibles) que se pueden compensar a través del movimiento del cuerpo. Sin embargo, las relaciones espaciales de posición y desplazamiento aún no se relacionan entre sí, sino exclusivamente con referencia al sujeto».[5]

Erikson define la escuela primaria de manera similar a Freud y la considera un período de tiempo más largo durante el cual los niños en particular adquieren conocimientos y aprenden sus primeras técnicas culturales. Además, se les explica que el rendimiento positivo conlleva el reconocimiento, mientras que los resultados negativos van acompañados de comentarios desfavorables. Además de Erikson, el psicólogo estadounidense Lawrence Kohlberg también elabora su teoría de la psicología del desarrollo en niños y adolescentes sobre los fundamentos de Freud y se ocupa especialmente del desarrollo de la moral y los valores. En edades tempranas, los niños se orientan sobre todo hacia sus padres a la hora de captar y entender los valores morales, pues por sí solos no saben diferenciar entre el bien y el mal. A través del ejemplo de las acciones realizadas por sus padres, aprenden lo que es correcto y lo que no. En este sentido, resulta evidente por qué esta etapa temprana del desarrollo es tan relevante, especialmente cuando se trata del comportamiento de los padres,

---

[5] Burghardt. Daniel (2014): *Homo spatialis – Eine pädagogische Anthropologie des Raums* (Homo spatialis, una antropología educativa del espacio), Beltz Verlag, Weinheim, Basilea, pág. 33

quienes deciden lo que está bien o mal. No obstante, no pueden determinar si se trata realmente de acciones o reacciones correctas o incorrectas, lo que significa que nuestros hijos se guiarán por nuestras acciones durante los primeros años de vida y, en conclusión, si actuamos en contra de los valores sociales habituales, estaremos obrando mal. Por el contrario, el niño guiado por sus padres considera la conducta como correcta y, en consecuencia, estos tienen el cometido de enseñar a su descendencia cómo actuar de manera apropiada. De lo contrario, existe el riesgo de abordar incorrectamente las situaciones en el futuro porque se adoptan modos de proceder sin valorarse.

Según Kohlberg, la **segunda etapa** consiste en la actuación de los niños en su propio interés por primera vez. Esta capacidad también se conoce como **conducta prosocial** y define la habilidad de llevar a cabo una acción con el objetivo de esperar algo a cambio. Según el psicólogo, durante la tercera etapa, los niños logran comprender las reglas sociales que son necesarias dentro de un grupo que incluyen, entre otras, la capacidad de poder integrarse en un grupo a través de un comportamiento consciente y adecuado, de asimilar y percibir los sentimientos de otras personas, así como la facultad de entablar y cuidar relaciones conscientemente. Otras cualidades como el respeto y la gratitud también se desarrollan cada vez más durante esta fase del desarrollo psicológico. Según Kohlberg, todas estas etapas pueden tener lugar a diferente velocidad en función del desarrollo individual del niño y se pueden alcanzar en distintos rangos de edad. Por otro lado, la cuarta etapa del desarrollo psicológico infantil se produce después de los once años y describe la fase en la que se adquiere la perspectiva social. En ella, no solo se reconocen las reglas, leyes y normas socialmente aceptadas, sino que también se comprenden y se tienen en cuenta.

3.3 La teoría del desarrollo según Piaget

Freud, Erikson y Kohlberg han realizado valiosas contribuciones a la comprensión de la psicología del desarrollo en niños y adolescentes en el transcurso de sus trabajos y estudios. Sin embargo, el trabajo más popular e influyente sobre la teoría del desarrollo en la actualidad pertenece al biólogo y psicólogo suizo Jean Piaget, considerado el padre de la teoría del desarrollo cognitivo infantil. Su perspectiva con respecto a los niños y jóvenes resulta muy interesante, pues los percibe como pequeños científicos que adquieren sus conocimientos de manera independiente mediante el trato regular y sobre todo activo con su entorno, ampliando así significativamente su riqueza de sabiduría y experiencia. Además, todos los conocimientos adquiridos se dividen y almacenan en diferentes esquemas que se basan en diversas estructuras que, por ejemplo, contienen amplia información sobre materias, cosas o incluso eventos. Estos esquemas aprendidos y almacenados se pueden trasladar conscientemente a otras cosas o eventos con la edad, proceso que recibe el nombre de **asimilación** en el lenguaje especializado. Este tipo de esquemas, incluida la posible asimilación, suena muy complicado al principio, pero en realidad es solo una recopilación de los datos tal y como los conocemos desde puntos de vista increíblemente diversos con respecto a nuestra vida cotidiana. Pensemos por un momento en un plátano. ¿Qué información posees sobre él sin tocarlo ni tomarlo? En base a tu experiencia, sabes que es de color amarillo o verde, conoces su consistencia, sabes que primero debes pelarlo para podértelo comer y, por supuesto, cuál es su sabor. Todos estos datos están almacenados en tu cerebro y son posibles gracias al hecho de que podemos registrar, asignar y guardar cualquier información a una edad temprana. Cuanto más pequeño es un niño y menos experiencia posee con respecto a una situación o cosa, más susceptible será a la hora de recibir información falsa. Ahora bien, estos errores se van corrigiendo gradualmente a través de nuevas experiencias y se reemplazan con datos correctos. Por lo tanto, con el aumento de la experiencia, se elabora un esquema correspondiente poco a poco hasta completar la información. La complementación de la información incorrecta con nuevas experiencias también se llama **acomodación**.

Para entender cómo funciona la acomodación, utilizaremos otro ejemplo: como en el caso del plátano, los niños entran en contacto con las frutas desde muy pequeños. Aprenden qué se siente al tocarlas, cómo huelen y saben; por ejemplo, una manzana es redonda y puede tener muchos colores diferentes. También hay manzanas amarillentas. Desde la perspectiva de los niños pequeños, cualquier manzana se parece a una pelota de tenis, entre otras cosas. Si un niño que ya ha procesado y guardado la primera información sobre las manzanas, coge una pelota de tenis en la mano, es maravilloso ver cómo se trabaja con la nueva información a una edad temprana y cómo se puede hacer con la ayuda de las asimilaciones. La pelota de tenis es muy similar en tamaño, color e incluso peso a la manzana. Sin embargo, dado que falta toda la información sobre la pelota de tenis, en muchos caso, el niño a

confundirá la pelota con una manzana e intentará morderla. En ese mismo momento, tendrá numerosas experiencias nuevas: no es posible morderla, la superficie también se nota completamente diferente y el color parece menos natural. Además, la pelota desprende un olor muy distinto. Aunque la pelota y la manzana apenas diferían a primera vista hace unos segundos, el niño ha recibido varias diferencias significativas en poco tiempo, es decir, información que ahora puede asignar y clasificar. Debido a esa única experiencia que sucedió en tan poco tiempo, se puede realizar una distinción entre manzana y pelota de tenis. Mientras que el comienzo del proceso, cuando la pelota se confundía con una manzana, era una asimilación, la experiencia de tocarla y morderla es una acomodación. Las nuevas experiencias se clasifican y presentan en un nuevo esquema: el niño sabe ahora que la pelota de tenis no es una manzana, pero, en este momento, aún desconoce que es una pelota. Esta acomodación se producirá más tarde.

« Piaget distingue entre estructuras variables y funciones invariantes en el desarrollo del pensamiento. Las estructuras consisten en esquemas que son el resultado de una acción activa de apropiación global competente o adaptación ambiental. Las estructuras, que cambian según las leyes de las cuatro etapas, determinan a su vez el contenido de la percepción y la idea del entorno. Las estructuras contienen, por lo tanto, relaciones regulares con el contenido del pensamiento y forman los cambios en él basados en las cuatro etapas o fases del desarrollo: etapa de la inteligencia sensorio-motora, etapa del pensamiento preoperacional, etapa de la lógica de las operaciones concretas y etapa de la inteligencia de las operaciones formales. Las funciones describen el proceso de adaptación de estructuras o esquemas al entorno. Como podría sugerir el término, esta adaptación no es un proceso pasivo de ajuste del organismo al entorno, sino un compromiso activo entre lo que ya existe y lo nuevo.[6] Para ello, Piaget utiliza los términos biológicos de asimilación y acomodación. La asimilación describe la absorción integradora de objetos o influencias del entorno utilizando las estructuras o esquemas que ya existen, como el traslado de la succión del pecho al pulgar. Sin embargo, como hacia el organismo fluyen constantemente nuevas influencias y exigencias del entorno, las estructuras o esquemas se modifican, amplían, diferencian y coordinan de manera acomodadiza. Si el bebé se lleva una cuchara a la boca en lugar del pulgar, esto representa una acomodación del esquema de succión a los objetos del entorno. En consecuencia, el concepto de acomodación significa aprender

---

[6] Arbinger, Roland (2001): *Entwicklung des Denkens* (Desarrollo del pensamiento)

algo nuevo, mientras que el concepto de asimilación conlleva un aspecto de transferencia y educación».[7]

Debido a la gran cantidad de información que implica una experiencia como la de la pelota de tenis, Piaget no describe el desarrollo infantil como un proceso de creación continuo. El ejemplo de la asimilación, en el que la información sobre las manzanas se transfiere por error a la pelota de tenis, muestra claramente que el niño recopila y clasifica varios datos informativos nuevos en un período de tiempo muy corto. No obstante, después de esta experiencia novedosa, puede pasar algún tiempo antes de que experimentar otra experiencia que incluya información nueva. Por esta razón, según Piaget, el proceso de desarrollo en los niños debe evaluarse como inconstante y no continuo y, desde este punto de vista, el aprendizaje permanente no existe. Ahora bien, ¿qué significa esto exactamente para los padres?

Es posible que el modelo de aprendizaje de nuevos datos informativos aún no te parezca demasiado relevante, aunque, si lo analizamos más de cerca, queda claro qué función y rol pueden aportar los padres al desarrollo psicológico de sus hijos. Cuanto más dependa un niño de sí mismo para adquirir información, menos obtendrá desde un punto de vista comparativo. Sin embargo, si los padres les proporcionan con regularidad nuevos datos, podrán asimilar y almacenar más información en los esquemas. Por lo tanto, como padres, podemos contribuir mucho al desarrollo de nuestros hijos mostrándoles, por ejemplo, diferentes tipos de frutas y verduras desde muy pequeños. De esta manera, además, se desarrollarán desde edad temprana las experiencias correspondientes que se podrán

[7] Burghardt. Daniel (2014): *Homo spatialis – Eine pädagogische Anthropologie des Raums* (Homo spatialis, una antropología educativa del espacio), Beltz Verlag, Weinheim, Basilea, pág. 23 f. Véase Kohler (2008), pág. 74 y ss. Cita de Burghard (2014)

comparar con cosas o eventos nuevos en el curso evolutivo posterior. Precisamente a través de esta comparación, se realizan nuevas experiencias porque la acomodación vuelve a cobrar protagonismo en ese momento.

En la siguiente etapa del desarrollo de Piaget, los niños alcanzan lo que se conoce como la **etapa preoperacional**, en la que se desarrollan lentamente las primeras habilidades para conferir representaciones simbólicas a otras cosas y que se aprecia sobre todo en los juegos. Para una mayor comprensión, las representaciones simbólicas también pueden considerarse como la capacidad de la imaginación en forma de fantasía espacial. Como ejemplo evidente de esta fase, se pueden citar los juegos que pueden desarrollar los niños a partir de los dos años de forma independiente. Para poder llevar a la práctica estos juegos, hacen uso de experiencias e impresiones ya realizadas, a la vez que pueden trasladarlas a otros objetos o estructuras espaciales. Los niños de entre dos y tres años han visto, por ejemplo, un bote de remos de diversas formas, ya sea por televisión o en el río más cercano y, al orientarse a en general hacia las experiencias vividas, saben, cómo es un barco de ese tipo. En el momento de jugar, simplemente adaptan estas experiencias y utilizan otros objetos que pueden servir de barco en su imaginación, como una caja de cartón y un palo de escoba que pueden convertir rápido en un bote con un remo. Cabe señalar aquí que estas ideas se pueden adaptar generalmente sin esfuerzo, aunque el pensamiento en esta etapa todavía se encuentra ligado a la percepción de cada uno, lo que significa que toda la información se basa únicamente en la propia perspectiva: saben más o menos qué forma tiene un bote y que puede flotar en el agua, pero desconocen lo que supone y que hace falta para eso. Solo reflejan información que ya han percibido desde su punto de vista.

El hecho de que la percepción sea limitada a esta edad se puede demostrar con la ayuda del **llamado intento de desplazamiento**. Primero se colocan dos vasos: uno es bastante bajo y ancho, mientras que el otro es estrecho y muy alto. A continuación, se vierte un líquido o una bebida en el vaso bajo y el niño puede ver fácilmente que el líquido ha pasado de un recipiente al vaso. Sin embargo, se sorprende cuando el líquido se vierte desde el vaso bajo al alto y pensará milagrosamente que hay más agua en el segundo porque el nivel del líquido es más alto. De este experimento, se puede deducir que los niños pueden hacer observaciones en esta etapa de desarrollo, pero no pueden combinarlas entre sí. Solo observan la altura de llenado y no pueden establecer ninguna conexión en cuanto al ancho de los recipientes. En realidad, la **habilidad de la combinación** no suele comenzar **hasta que los niños tienen alrededor de seis años**. En esta fase, son capaces de percibir varios procesos durante una misma situación y de establecer una conexión entre ellos y, además se introduce el área de desarrollo en la que se realizan conexiones lógicas. En realidad, empezarán a darse cuenta de que las acciones producen reacciones, aunque todavía no es posible el uso del pensamiento lógico en situaciones hipotéticas. Si bien ahora pueden observar diferentes aspectos al mismo tiempo y reconocer las conexiones, aún no tienen la habilidad de establecer asociaciones y consecuencias o resultados meramente con la imaginación.

Hasta aquí hemos analizado todas las fases y etapas del desarrollo psicológico de niños y adolescentes en relación con sus capacidades y resulta evidente que los niveles difieren entre sí de manera significativa, un hecho que puede ser de gran valor para los padres. Muchos progenitores intentan educar a sus hijos o fomentar su desarrollo asignándoles determinadas tareas, pero si estos aún no han alcanzado el nivel apropiado, no podrán resolverlas. Por esta razón, solo quienes conocen estas etapas evolutivas pueden elegir las tareas correspondientes a la fase actual y cualquier otro esfuerzo resultará en la mayoría de los casos infructuoso. Además, existe el riesgo de que las tareas demasiado complejas afecten negativamente a la **autoestima** del niño y, por lo tanto, también al **concepto de sí mismo**. Por consiguiente, siempre se debe controlar el desarrollo de los niños y tratar de identificar en qué etapa evolutiva se encuentran. No hay nada de malo en ayudar a tu propio hijo a desarrollar y fomentar una amplia variedad de cualidades y habilidades, pero las tareas correspondientes siempre deben encuadrarse dentro del ámbito de lo viable.

Asimismo, puedes hacer un uso específico del conocimiento sobre las etapas de desarrollo para propiciar el aprendizaje de nuevas habilidades. Basándonos en las enseñanzas de Freud o Piaget, cualquier conocimiento puede constituir los fundamentos para ello. Por otro lado, también se puede condicionar una mala conducta inconsciente o indeseable. Después de todo, en sus primeras etapas de desarrollo, es más probable que los niños aprendan de los padres lo que está bien y lo que no. Ahora bien, cabe destacar que la crítica negativa por sí sola no es efectiva, por lo que se recomienda indicarles las cosas que han hecho bien, antes de reprenderles por portarse mal o cometer errores. También es aconsejable presentar alternativas y soluciones que se puedan probar la próxima vez, así como recompensar y valorar los buenos resultados y progresos en el desarrollo.

3. 4 Las habilidades sensorio-motoras como base del desarrollo

El término **sensorio-motor** se compone de dos palabras diferentes: mientras que **senso** significa «sentido», **motor** significa «mover». Las habilidades sensoriales son, por tanto, todas las percepciones sensoriales que adquirimos a lo largo de nuestra vida y que incluyen oír, saborear, oler y sentir. Las habilidades motoras, por otro lado, describen todos los movimientos corporales que podemos controlar de forma consciente. Por lo tanto, las funciones sensorio-motoras pueden entenderse como la interacción de nuestros órganos sensoriales y la capacidad de mover el cuerpo o sus partes individuales de manera específica. Para nosotros, los adultos, esta interacción es algo natural. Los niños, en cambio, tienen que aprender gradualmente todos estos procesos y movimientos antes de poder emplearlos de forma activa y con un propósito. En primer lugar, comienzan a establecerse los estímulos sensoriales: se perciben olores, se reconocen colores y se escuchan ruidos y, en este punto, la motricidad siguen siendo completamente arbitraria. Solo adquiere forma en el transcurso del desarrollo a través de la práctica y se puede utilizar gradualmente de manera controlada. Ahora bien, ¿por qué es tan importante el aprendizaje de las habilidades sensorio-motoras o de la motricidad y por qué tiene una influencia tan relevante en el desarrollo psicológico infantil?

Para responder esta pregunta, vamos a realizar un pequeño experimento mental. Imagina que vuelves a ser un niño pequeño de unos dos años y que hoy es el primer día que vas a estar un par de horas en la guardería. Después de un rato, otro niño se sienta a tu lado y te pasa una pelota rodando. Sin las habilidades sensorio-motoras, no es posible hacer que la pelota vuelva rodando hacia el otro niño, por lo que tarde o temprano el pequeño buscará otro compañero de juegos. Como resultado, experimentarás algunas de las primeras emociones con las que te has encontrado hasta ahora: tristeza y enfado. Por supuesto, este ejemplo es bastante banal, pero describe bastante bien la importancia de la motricidad en la niñez. Si no se desarrollan las habilidades adecuadas, es mucho más difícil establecer contactos sociales. Por esta razón, una gran mayoría de profesionales médicos asumen que el entrenamiento sensorio-motor durante los primeros años de vida tiene quizás la influencia más significativa junto a la cognición en el desarrollo psicológico de los niños.

Las habilidades sensorio-motoras se pueden entrenar a temprana edad

Afortunadamente, con tu ayuda, tu hijo puede aprender y desarrollar la motricidad muy rápidamente. Si descubres que las habilidades motoras en particular del pequeño no coinciden con su edad, puedes utilizar pequeños juegos para activarlas y contribuir de manera decisiva en el descubrimiento y desarrollo de cualquier habilidad.

Para el primer ejercicio, solamente necesitas una pelota pequeña. Dependiendo del nivel de desarrollo de tu hijo, debería estar sentado o de pie a uno o dos metros de ti. A continuación, le lanzarás la pelota y le pedirás que te la devuelva lanzándola o haciéndola rodar. Para entrenar las habilidades motoras en especial, deberás cambiar la dirección de la pelota de vez en cuando. De este modo, tu hijo moverá una gran parte de su sistema muscular porque no solo tendrá que mover la pelota, sino también todo el cuerpo.

Las carreras de huevos deberían sonarte a un juego familiar de tu propia infancia, ya que es uno de los más populares de las fiestas de cumpleaños infantiles. Y lo cierto es que se trata de un juego muy útil no solo para divertirnos, pues llevar el huevo hasta su destino requiere habilidades motoras y sensoriales, por lo que todo el sistema sensorio-motor se entrena jugando. Para aumentar el nivel de dificultad, se puede montar un pequeño parque formado por conos pequeños de eslalon o un cojín sobre el que el niño tenga que trepar con el huevo en la cuchara y en la mano.

En verdad, este tipo de ejercicios solo son adecuados para niños que ya caminen y, si tu hijo aún no tiene estas habilidades, puedes usar otro ejercicio para mejorar la motricidad de las piernas. Solo necesitas algunos objetos pequeños colocados uno al lado del otro en dos cajas planas, y la tarea del niño consiste en moverlos de una caja a otra solo con la ayuda de los pies. La gran ventaja de este ejercicio es su versatilidad: por un lado, se entrena la motricidad de pies y piernas y, por el otro, se fortalecen los músculos de las extremidades inferiores, que son de gran importancia posteriormente. Cuanto antes se entrenen los músculos del pie en los niños, es más probable que se eviten las desalineaciones o los pies planos.

En general, podemos decir que no existe una fase temprana para comenzar a realizar los ejercicios sensorio-motores en principio, aunque su práctica avanzada resulta beneficiosa tanto para la salud como para la estabilidad mental del niño.

4. LA COGNICIÓN:
EL PENSAMIENTO RACIONAL

Una parte importante de la psicología del desarrollo en niños y adolescentes es, sin duda, la **cognición**. En el sentido más amplio, el término cognición abarca la totalidad de todas las estructuras y los procesos del conocimiento humano y la posibilidad de aplicar conscientemente ese conocimiento. Por lo tanto, los **procesos cognitivos** son todos los procesos mentales que ocurren y se utilizan en un nivel superior. Cuando más marcada es la cognición, más inteligentes pueden llegar a ser las personas en teoría, por lo que la inteligencia es, estrictamente hablando, un potencial innato. Habilidades como la memoria, el aprendizaje, el reconocimiento o la comparación, así como la capacidad de orientarse o de poder argumentar, son procesos cognitivos y esenciales para la vida humana y, además, innatos. Sin embargo, esto no significa que también se perfeccionen y desarrollen de forma automática. Más bien, los procesos cognitivos deben verse como habilidades que se pueden aprender y entrenar conscientemente. Dado que las personas solo pueden hacer esto a partir de cierta edad, los padres pueden contribuir en gran medida a la práctica y desarrollo de estos procesos en sus hijos de la mejor manera posible.

«Las dos formas de procesos de aprendizaje, la implícita y la explícita, nos acompañan en múltiples ocasiones entremezcladas a lo largo de nuestra vida y es extremadamente difícil, si no imposible, llevar un registro exacto de los resultados de aprendizaje específicos o de una acción referentes a todos los procesos involucrados en su creación. Pero en los primeros años de vida, antes de iniciarse la regulación lingüística interna del pensamiento y de la acción, solo prevalece el aspecto implícito. Por lo general, en el tercer y más en el cuarto año de vida, los procesos de aprendizaje se complementan entre sí, y solo a partir de ese momento se puede mostrar una apelación pedagógica al aprendizaje explícito, que se ancla lingüísticamente y es recordable. Cuando de adultos reflexionamos sobre lo que experimentamos y aprendimos en la infancia, por lo general nunca pasamos del umbral a partir del cual comienza gradualmente el aprendizaje explícito, a pesar de que durante los primeros años de vida surgen aspectos fundamentales de manera destacada en el campo del lenguaje. Los inicios de la adquisición de la primera lengua están implícitos, y esa es la razón por la que conocemos las reglas de las gramáticas de nuestros primeros idiomas, aunque tengamos que aprenderlas (de manera explícita) más tarde si queremos formularlas».[8]

Este extracto de «Cognición y lenguaje» de Gudula List resume acertadamente las subáreas del aprendizaje cognitivo. El aprendizaje implícito es un término de la psicología que describe principalmente la adquisición inconsciente y lúdica de habilidades y destrezas, así como de conocimientos para poder realizar determinadas tareas o actividades. Un ejemplo del aprendizaje implícito se puede encontrar en los primeros años de la infancia. Al jugar con los padres o con otros niños, la descendencia también aprende intuitivamente el significado del lenguaje y el hecho de que es una forma de comunicación. En las etapas posteriores de la vida, las **habilidades motoras** como ir en bicicleta o las destrezas de procedimiento como entablar conversaciones, por ejemplo, están vinculadas a objetivos explícitos, como la intención de comprar o vender. Además, se pueden adquirir implícitamente, es decir, mediante la simple observación e imitación y la práctica habitual.

---

[8] List, Gudula: Cognición y lenguaje – Adquisición del lenguaje infantil en relación con la cognición y el comportamiento de los niños desde una perspectiva del desarrollo, p. 6

4.1 La cognición es un proceso en evolución

El pensamiento cognitivo comienza poco después del nacimiento y, en este momento, todavía es muy limitado y solo se manifiesta en unas pocas habilidades. Los dos primeros procesos cognitivos son la percepción sensorial y la ejecución de los primeros movimientos. A medida que avanza la etapa, al pensamiento cognitivo aún le cuesta desarrollarse y, poco a poco, van surgiendo habilidades como oír, ver, caminar o sentir. Cuanto más mayores se van haciendo los niños, más intensos y complejos son los procesos correspondientes. Desarrollar habilidades de razonamiento lógico en particular es el primer gran paso hacia un estado verdaderamente cognitivo. Si bien los procesos de pensamiento siguen siendo concretos y fijos al principio, el rendimiento cognitivo se amplía de tal manera que ahora también son posibles los enfoques abstractos y diferenciados. Al final de estas destrezas básicas, existe la capacidad de pensar con tanta libertad que es posible la acción basada en un impulso interno.

Sin embargo, los procesos cognitivos y su desarrollo dependen de innumerables factores y el más importante en este punto son las emociones. Los niños comienzan a desarrollar conexiones y relaciones emocionales con quienes los rodean a una edad temprana, aunque no siempre se trata de personas, pues existen otros aspectos de su entorno que también pueden servir para crear una conexión. En este sentido, el primer peluche es probablemente el mejor ejemplo de esto e, incluso en la edad adulta, muchas personas todavía pueden recordar su primer juguete de este tipo. También es frecuente que se evoquen asimismo emociones o recuerdos que parecían haber desaparecido hace mucho tiempo en las profundidades de la memoria. Al mismo tiempo, se puede comprobar que el proceso de aprendizaje efectivo es más fuerte cuanto más intensas sean las emociones del niño. De hecho, cosas menores como el acto de hacer muecas puede representar un factor importante para fortalecer la relación entre el niño y los padres y, de esta forma, se desarrolla un sentimiento cada vez más positivo hacia la persona de referencia. Eventos de este tipo, menos significativos para nosotros, contribuyen a la maduración paulatina de la cognición en los niños.

El pensamiento cognitivo en pequeños pasos

Durante los primeros doce meses, es principalmente la curiosidad natural la que proporciona al niño sus primeras experiencias: explora el entorno, percibe los primeros estímulos e influencias y los almacena inicialmente. Un ejemplo de ello es jugar con una pelota, que nos acompañará en las siguientes etapas de desarrollo. Lo único que queda en la memoria es el conocimiento de que el tacto de la pelota es lisa y que el objeto es redondo. Sin embargo, todavía no se reconoce para qué sirve ni qué propiedades tiene en términos de las influencias motoras.

Desde el **primer al segundo año de vida**, ya se aprecian claros saltos en lo que respecta al desarrollo de la cognición. Los niños comienzan ahora a **comprender** los **objetos** como tales y la pelota, por ejemplo, proporciona información nueva: en este momento, ya no es solo lisa y redonda, sino que el niño sabe que puede moverla conscientemente y que se cae cuando la deja caer. Además, la imaginación espacial se desarrolla gradualmente.

Los niños de **entre dos y tres años** dan el siguiente gran paso. La cognición es ahora lo suficientemente madura como para que los **objetos** puedan **categorizarse de manera consciente**. Se pueden reconocer y asignar propiedades como olores, tamaños, formas o colores, algo que va acompañado del hecho de que el niño ahora sabe que una pelota solo puede rodar porque es redonda. Sin embargo, los objetos cuadrados no muestran esta propiedad y los niños se dan cuenta, además, de que determinados objetos tienen una función.

«En el transcurso del segundo año de vida, se adquieren cada vez más conocimientos funcionales. De esta forma, se aprende el manejo habitual de los objetos cotidianos y su significado en un contexto cultural: en este país, se utilizan cucharas y tenedores para comer, una taza para beber, lápices de colores para pintar y un cepillo de dientes para lavarse los dientes. Es aconsejable no limitar las inclinaciones individuales de un niño por ciertas cosas y preferencias por ocupaciones y actividades especiales, sino centrarse en ellas, incitarlas y potenciarlas con otras opciones. Esto le ofrece al niño la posibilidad de trabajar con los objetos que encuentra atractivos por su propia iniciativa y sin restricciones externas. Si los niños reciben apoyo de esta manera, desde muy temprano se establece un proceso para el desarrollo de las áreas de actividad seleccionadas por ellos mismos, que luego pueden expandirse a campos de interés individuales más completos en los siguientes años».[9]

---

[9] Kasten, Hartmut (2014): Conceptos básicos de la psicología del desarrollo en la primera infancia y consecuencias pedagógicas tempranas, p. 10

Véase también Kasten, Hartmut (1991): Contribuciones a una teoría del desarrollo de intereses

Entre los tres y los cuatro años de edad, se produce un desarrollo que es de crucial importancia: la **imaginación** pasa ahora a formar parte del portafolio de la cognición y el niño intenta adivinar qué consecuencias podría tener una posible acción. Naturalmente, esto también implica tareas motoras más pequeñas. Asimismo, sus suposiciones no siempre son correctas, aunque intenta visualizar la secuencia de las acciones. Además, existe aumenta la conciencia de que la causa y el efecto están directamente relacionados, si bien no siempre es posible distinguir entre los dos.

A partir de los cuatro años, las habilidades cognitivas se desarrollan hasta tal punto que los niños son capaces de **comprender cantidades y tiempos**. Ahora son más conscientes del cambio entre el día y la noche e incluso pueden asociar los días de la semana. Además, la capacidad de analizar cantidades contribuye a una comprensión fundamental del conteo. Contar aún no es posible, o solo de forma limitada, pero el niño puede distinguir si hay más pelotas en un lado de la habitación que en el otro.

En el paso final de la cognición infantil entre las **edades de cinco y seis años**, muchos de los procesos anteriores han adquirido en gran medida su pleno desarrollo y ahora se complementan con habilidades adicionales. Los **procesos** y las **acciones** se pueden **pensar** y **planificar**. El instinto interno de la curiosidad también contribuye al hecho de que se prueban muchas cosas. Así, las experiencias vividas también aumentan significativamente y el pensamiento lógico se expande como resultado.

4.2 Fomento de la cognición

Tanto los padres como los educadores o maestros pueden propiciar específicamente el fomento de la cognición. Para no poner en peligro el desarrollo por influencias negativas, esto debe hacerse siempre bajo aspectos lúdicos y nunca bajo coacción o presión. Cuanto más se divierta un niño aprendiendo y desarrollando habilidades, mayor será el éxito.

Un aspecto importante de la cognición es el **lenguaje**. A medida que envejecemos, los seres humanos recopilamos y guardamos cada vez más palabras y somos capaces de asignarlas conscientemente a cosas, objetos o eventos. Sin embargo, esto no significa que no haya errores, ya que son bastante normales, especialmente en el caso de los niños que empiezan a descubrir el idioma por sí mismos y a comunicarse. No obstante, para promover el lenguaje, los padres pueden trabajar conscientemente y realizar diferentes ejercicios lingüísticos con sus hijos. Si pronuncian una palabra de manera incorrecta, pueden pronunciarla de nuevo y pedirle al niño que la repita. Cuando se trata de la enseñanza de idiomas, es importante asegurarse de que la intensidad y la calidad de la lengua sean buenas. Lo primero significa que puede animar a su hijo a hablar, si lo hace poco por sí mismo, aunque la formación lingüística también puede realizarse de otras formas. La lectura de libros no tiene por qué servir solo de entretenimiento, sino que leer en voz alta es adecuado para entrenar las habilidades lingüísticas del niño. Siempre que le leas algo a tu hijo, asegúrate de hablarle despacio y con claridad, ya que facilita que los pequeños memoricen mejor y, sobre todo, correctamente las palabras que escuchan.

«Dos aspectos son esenciales para el desarrollo del lenguaje: un cerebro humano y un entorno social en el que hablar. Hay que basarse en lo que los niños traen al mundo cuando nacen (preferencia por los sonidos lingüísticos, capacidad de diferenciar entre distintos sonidos) y lo que se hace en el primer año de vida con la ayuda de los estímulos de sus personas de referencia. En el contexto de los diálogos de balbuceos (en el que experimentan con los sonidos de manera lúdica), mediante el uso del lenguaje infantil (tono de voz emocional, tono más alto, velocidad de habla más lenta, expresiones faciales exageradas y evidentes), muchos niños pronuncian sus primeras (más o menos) palabras comprensibles al comienzo de su segundo año de vida. El rango de variación es muy amplio en este punto. Vale la pena enfatizar en este contexto que los niños pequeños son intrínsecamente comunicativos. Ya hacia el final de su primer año de vida juegan con entusiasmo a buscar y señalar objetos o a cogerlos».[10]

Además de la capacidad de hablar y así poder comunicarse, la memoria es también una capacidad cognitiva importante y es muy adecuado entrenarla con facilidad. Los juegos de memoria son ideales para la diversión y el entrenamiento de esta facultad y, asimismo, se pueden aprovechar los eventos diarios para ejercitarla. Mientras caminas por el parque, puedes preguntarle a tu hijo, por ejemplo, el nombre de algún objeto que se encuentre en el camino. Paralelamente, este ejercicio también puede optimizar las habilidades lingüísticas.

Para crear procesos de pensamiento y sugerencias individuales, también es aconsejable presentar a los niños aspectos nuevos. Cuanto más a menudo se enfrenten a experiencias u objetos novedosos, más intensamente se les estimula a pensar. Cada uno de estos procesos de pensamiento refuerza la cognición y la capacidad de absorber y utilizar el conocimiento. Visita nuevos lugares con tu hijo, como un zoológico, ya que, durante cualquier excursión, hay una multitud de nuevas impresiones que ponen al descubierto y favorecen los procesos cognitivos. Mientras tanto, puedes

---

[10] Kasten, Hartmut (2014): Conceptos básicos de la psicología del desarrollo en la primera infancia y consecuencias pedagógicas tempranas, p. 12

darle explicaciones tranquilamente y transmitirle información de la que su propia percepción aún no es consciente.

En particular, las habilidades cognitivas se desarrollan cuando los niños adquieren nuevas experiencias y, solo por esta razón, es recomendable ayudar de manera proactiva a los pequeños en este desarrollo. Ahora bien, ten siempre en cuenta que la presión o la obligación son contraproducentes y que la crítica negativa tampoco tiene cabida aquí. Si tu hijo tiene dificultades para aprender una habilidad, no debes criticarlo por ello. En su lugar, destaca lo que ha hecho bien hasta entonces y anímalo a seguir intentándolo. Quienes moldean activamente el desarrollo de su hijo y lo combinan con elementos lúdicos contribuyen al desarrollo cognitivo de diversas formas y, al mismo tiempo, garantizan su autoconcepto y, asociado a este, el aumento de la confianza en sí mismo.

4.3 ¿La inteligencia se puede potenciar o entrenar?

Nuestra inteligencia es también nuestra arma más poderosa. Las personas inteligentes demuestran regularmente los beneficios de esta propiedad y, no en vano, la mayoría de las invenciones y elaboraciones científicas casi siempre se remontan a personas inteligentes por encima de la media. Como la cognición se basa en la capacidad de adquirir conocimientos y aplicarlos, podríamos suponer que esto contribuye a una inteligencia que se puede entrenar. De hecho, dependemos de la naturaleza para la capacidad de nuestra inteligencia, que está determinada únicamente por nuestros genes incluso antes del nacimiento. Al mismo tiempo, este factor no significa que no podamos trabajar con esta habilidad intelectual. Desde una perspectiva científica, nuestro rendimiento mental más elevado posible está limitado, lo que significa que está predeterminado dónde termina, y este extremo se ubica de manera diferente en las personas. Por lo tanto, se puede señalar que algunas personas no pueden ser tan inteligentes por naturaleza como otras, aunque hay ciertas lagunas que podemos aprovechar. Por lo general, no utilizamos nuestra inteligencia totalmente, aunque podemos lograr la máxima capacidad con entrenamiento, algo que, por supuesto, también se aplica a los niños. Ahora bien, ¿qué opciones puedes utilizar para desarrollar el potencial de las capacidades intelectuales de tus hijos?

Muchos científicos creen que el lenguaje es la clave de la inteligencia, pues nos permite formular ideas o deseos y expresar contenido complejo de tal manera que todos puedan entenderlo. Por lo tanto, la lectura es un medio maravilloso para promover tanto el desarrollo lingüístico como la capacidad de concentración en los niños. Además, existen estudios que también han demostrado que leer fomenta las capacidades del cerebro y, de hecho, la Universidad Nacional de Australia descubrió hace años que crecer en un hogar con una gran cantidad de libros mejora la formación educativa de los niños.

Por otro lado, también existen algunas opciones de iniciar procesos cognitivos infantiles sin tener que esforzarnos mucho, ya que, por ejemplo, estar junto a niños de la misma edad es suficiente para activar estos procesos. Esto se debe al hecho de que es más probable que los pequeños compartan intereses con sus compañeros que con sus padres, por lo que, si quieres hacer algo bueno por tu hijo, déjalo jugar con otros niños desde una edad temprana.

Finalmente, un aspecto motivador no es menos importante para el desarrollo mental. Los elogios regulares y la retroalimentación positiva no promueven directamente la inteligencia ni influyen en el aprovechamiento de la capacidad, pero se ha demostrado que aumentan la motivación de los niños para querer aprender. Quienes reciben elogios con regularidad en su primera infancia tienden a adquirir conocimientos más adelante por sí mismos y, al mismo tiempo, esto conlleva una cognición ampliada y mejorada.

5. EL IMPACTO EMOCIONAL
DE NIÑOS Y JÓVENES

En la psicología del desarrollo, hay una multitud de términos que suelen jugar un papel destacado y que nos acompañan a lo largo de nuestra vida. Entre ellos se incluyen los sentimientos de alegría, miedo o tristeza. El psicólogo Paul Ekman trabajó como investigador en este ámbito durante muchos años y examinó más de cerca las posibles emociones para descifrar mejor el desarrollo emocional infantil. Las emociones mencionadas fueron descritas por él como las llamadas **emociones básicas** y un solo hecho es decisivo para esta clasificación: independientemente de dónde estemos en este mundo, de la cultura o etnia a la que pertenezcamos, las emociones básicas se expresan en todas partes a través de las mismas expresiones faciales y, por tanto, son inequívocas en todas las culturas. Además de las emociones básicas, existen otras formas de emociones que también pueden expresarse a través de la mímica y la gesticulación, pero que varían en cuanto a su tipo e intensidad.

En los niños y adolescentes, las emociones básicas se expresan con especial intensidad y, sobre todo, de manera directa. Los niños aún no han aprendido a ocultar las emociones y se les permite desarrollarse libremente de forma natural. A continuación, exponemos un ejemplo que pone de manifiesto lo anterior: imagínate que te encuentras sobre el tejado de una casa de tu barrio. Desde allí, puedes apreciar todo: la calle, las casas o apartamentos de los vecinos, el parque infantil y hasta las tiendas de al lado. Dos niños están sentados en el parque. Observas cómo uno de ellos le quita los juguetes al otro. La respuesta emocional en forma de enfado, tristeza o enfado aparecerá en unos segundos. Lo mismo se aplica al niño que no recibe ninguna golosina de su madre en el supermercado. Desde nuestra perspectiva, todas estas reacciones parecen no solo predecibles, sino también completamente normales. Sin embargo, si reflexionamos en profundidad, surgen algunas preguntas que son esenciales para el desarrollo psicológico de los niños y los adolescentes. ¿Qué edad es necesaria para que los niños puedan expresar sus emociones? ¿Cuándo son capaces de percibir y clasificar conscientemente sus propias emociones y las de sus semejantes? ¿Y qué opciones tienes tú como padre para ayudar a tus hijos a lidiar con las emociones?

«El desarrollo y la expresión de las emociones primarias (por ejemplo, alegría, ira, miedo, disgusto, sorpresa, tristeza) y secundarias (como orgullo, vergüenza, empatía, timidez, culpa) dependen del desarrollo en otras esferas. Las emociones secundarias requieren que el niño sea capaz de la autorreflexión y consciencia de sí mismo. Para experimentar el orgullo, la vergüenza y la culpa, es necesario conocer los estándares y las reglas de comportamiento socialmente reconocidas, relacionar la propia conducta con estas reglas y atribuirse a uno mismo la responsabilidad del éxito o el incumplimiento de estas reglas. Para el desarrollo en el área emocional-social, también resulta de gran importancia el desarrollo de las otras áreas funcionales».[11]

---

[11] Götze, Alexandra; Ziegenbalg, Steffi; Mälzer, Yvonne (2018): Promoción del desarrollo emocional y social de los niños en las clases iniciales de la escuela primaria, Ministerio de Cultura del Estado de Sajonia (editado), p. 3

5.1 Las emociones se han de identificar primero, antes de poder controlarlas de forma consciente

Cuando un niño es consciente de los efectos y la regulación de las emociones, depende en gran medida del desarrollo individual. Los psicólogos han podido determinar un amplio rango de edad basado en varias series de pruebas. Si bien algunos niños pueden lograrlo a la edad de cuatro años, otros niños no alcanzan este punto en su **desarrollo emocional y cognitivo** hasta los ocho. Antes de poder emplear las emociones de manera controlada y dirigirlas, primero es necesaria otra habilidad: los niños deben ser conscientes de las diferencias en las emociones y poder percibirlas. Al igual que con la regulación, los investigadores descubrieron que la percepción de las emociones también puede aparecer en etapas muy diferentes de desarrollo. Este proceso comienza como muy pronto a la edad de tres años y, en los niños que se desarrollan más despacio, puede comenzar a partir de los seis años. Independientemente del momento en que comience un desarrollo en particular, todos los niños tienen algo en común: con la edad, la capacidad de percibir los sentimientos mejora cada vez más. En particular, las emociones características y de peso como la tristeza, la alegría o la sorpresa tienen mayor probabilidad de distinguirse.

Mediante los resultados de estudios, ahora podríamos asumir que los niños aprenderán automáticamente tarde o temprano qué son las emociones, cómo se pueden interpretar y clasificar y, además, controlar, aunque lo cierto es que no se trata siempre de una tarea tan fácil. ¿Qué sucede si de pronto un niño o adolescente deja de ser capaz de controlar y canalizar sus emociones? Hay que precisar que las emociones negativas como el dolor o el miedo son completamente normales en los niños al principio. Pero si este estado se manifiesta, es inevitable que provoque el llamado **estrés psicológico** o sufrimiento. En este término subyace una carga mental que se ve favorecida por un trastorno mental. En el caso de los niños en particular, es aconsejable actuar con rapidez y consultar a un psicólogo, antes de que el estrés sea demasiado intenso y cause daños duraderos. Con la ayuda de varios métodos, el especialista puede determinar si hay alteración emocional y cuál, y poner en marcha las medidas adecuadas. En este sentido, aprender a gestionar las emociones juega un papel importante y este aspecto ilustra lo importante que es familiarizar a los niños con las emociones desde una etapa temprana. Cuanto más pequeño sea un niño, más deberán los padres cuestionar con atención sentimientos como la tristeza o el miedo y descubrir las razones. Si esto no sucede, el estrés emocional resultante puede causar trastornos psicológicos presentes en la edad adulta.

5. 2 Grandes cambios en la adolescencia

Los expertos definen diferentes tareas para los adolescentes: las llamadas **tareas de desarrollo**. Se trata tanto de expectativas como de requisitos que un grupo de edad en particular debe cumplir con respecto a su desarrollo. El desarrollo y la comprensión del uso de las emociones también forma parte de estas tareas de desarrollo. En la adolescencia, entre los 10 y los 18 años, sin embargo, los niños pasan por la pubertad y se encuentran con el hecho de que las emociones pueden expresarse de manera muy diferente a como estaban acostumbrados. Dependiendo de la condición psicológica, la situación emocional de un niño puede verse fuertemente afectada por influencias externas y los cambios hormonales durante la pubertad favorecen esta susceptibilidad. La tristeza persistente o incluso la depresión son más comunes en los niños de lo que se suele suponer y, para que los niños de esta edad puedan clasificar y comprender correctamente las emociones, a menudo necesitan ayuda. Por un lado, puedes contribuir en gran medida como adulto hablando con tu hijo sobre sus sentimientos desde que son más pequeños, aunque también vale la pena intentarlo durante la pubertad. Sin embargo, puede suceder que tu hijo no se quiera abrirse ti y, si este es el caso, se requiere ayuda profesional y no siempre tiene que ser un psicólogo. Asimismo, el entrenamiento emocional puede conllevar mejoras significativas, ya que el niño aprende la forma de comprender y manejar sus emociones durante esa fase.

«El estilo de pensamiento también cambia en la adolescencia. Para llevar a cabo el entrenamiento, conviene saber qué operaciones cognitivas se esperan de los adolescentes. Especialmente en el caso de las reinterpretaciones cognitivas (véase módulo *Geist-ist-geil*), son necesarias las operaciones formales de pensamiento que van más allá de lo concreto. Por lo tanto, tiene sentido tener en cuenta el nivel de desarrollo real de los jóvenes. En la adolescencia, entre otras cosas, se desarrolla exactamente esta habilidad. Se pueden construir hipótesis, desarrollar soluciones a problemas en pasos individuales y extraer conclusiones lógicas. En la adolescencia aumenta la capacidad de introspección y de autorreflexión. Además, en esa etapa es posible que se produzca el cambio, la adquisición y la coordinación de perspectivas. Se entiende que la coordinación de perspectivas significa la capacidad de atender a las perspectivas de una o más personas y de responder a ellas. Esto también incluye el verse a uno mismo a través de los ojos de los demás.[12] La información social se procesa en mayor medida porque los coetáneos adquieren una importancia mucho mayor como grupo de referencia [...]. Además, también aumenta la capacidad de criticar.

---

[12] Selman (1984) citado por Eckert, Tarnowski y Merten (2019)

Solo estas capacidades cognitivas alteradas permiten a los jóvenes construir su propio sistema de valores y, por lo tanto, una identidad y así diferenciarse de sus padres».[13]

---

[13] Eckert, Marcus; Tarnowski, Torsten; Merten, Luise (2019): Regulación del estrés y de las emociones para adolescentes: manual de entrenamiento del programa Fuerza ante el estrés, Beltz Verlag, Weinheim, Basilea, p. 16

6. RELACIONES Y HABILI-
DADES SOCIALES

Una variedad de diferentes factores son los responsables de que los niños aprendan los conceptos básicos durante su desarrollo más temprano, para poder ser entrenados adecuadamente y enfrentarse al **entorno social** más adelante. Sin embargo, este proceso no debe confiarse solo a las propias experiencias de los niños, sino que es recomendable que los padres se ocupen activamente del desarrollo social de sus hijos, lo observen y analicen y, si es posible, los ayuden. Este último punto es particularmente importante porque, aunque nos familiarizamos con los aspectos sociales básicos desde el nacimiento, no podemos aprender con facilidad habilidades más complejas. Es posible determinar hasta qué punto nacemos con lo básico a partir de varios ejemplos. Así, por ejemplo, se ha demostrado científicamente que los recién nacidos prestan de manera consciente más atención a los rostros humanos que a los objetos de su alrededor, al cabo de unas pocas semanas. Incluso las primeras sonrisas, que se pueden ver en casi todos los recién nacidos, pueden entenderse como una forma de **interacción social** inicial, aunque al principio solo se realice de forma intuitiva. Quienes han visto crecer a los niños probablemente recordarán que los hijos comienzan a imitar los gestos o las expresiones faciales de sus padres a una edad temprana, y todo esto puede entenderse como la base de la interacción social. Por muy bonito y, sobre todo, práctico que parezca, también se demuestra claramente la intensidad con la que los meses y años siguientes influyen en el comportamiento de un niño, puesto que, fuera de estos fundamentos innatos, se requiere un entrenamiento intensivo de las habilidades sociales. Ahora bien, ¿en qué medida pueden y deben los padres influir en este aspecto durante esta etapa y qué opciones existen para fomentar las **habilidades sociales** de los niños o jóvenes? «Los niños son maravillosos y, al mismo tiempo, terriblemente agotadores para los adultos. Ambas características se deben sobre todo el hecho de que expresan sus sentimientos directamente, sin filtros, sin reflexión y sin segundas intenciones. Esto se nota especialmente en los niños pequeños. Sus rostros pasan de la alegría a la tristeza y viceversa a veces en cuestión de segundos, como cambia el cielo de la noche a la mañana. Cuanto más mayores se hacen los niños, más aprenden a no expresar sus sentimientos de manera directa y, por ejemplo, aprenden que no solo han de gritar cuando algo no les gusta, sino que pueden hablar sobre ello. O también entienden que hay ciertos sentimientos que encuentran rechazo en su entorno y, por lo tanto, dejan de manifestarlos o incluso de generarlos. Pero incluso si la relación con los propios sentimientos cambia en el transcurso del desarrollo, no es hasta la pubertad que surge la capacidad de reflexionar sobre la creación de las propias emociones y de gestionarlas de manera consciente. Cuando consideramos lo difícil que es, incluso para los adultos, difícilmente nos sorprenderá. A pesar de ello, o tal vez precisamente por este motivo, nosotros desempeñamos un papel fundamental como padres en la cuestión de si nuestros hijos desarrollan o no sus poderes emocionales de manera saludable. La buena noticia es que es más fácil de lo que se cree. Nuestros niños están diseñados naturalmente para desarrollar sus fortalezas emocionales de tal manera que se vuelvan fuertes. No tenemos que intervenir ni realizar ninguna gran hazaña para que esto suceda. No obstante, lo que se requiere de nosotros es la atención plena para no obstaculizar este desarrollo natural rechazando, bloqueando, reprimiendo o fomentando excesivamente los sentimientos, por ejemplo. En cierto sentido, debemos mantenernos al margen sin abandonar a nuestros hijos. Tenemos el desafío de no interferir y de seguir estando completamente con ellos».[14]

Las habilidades sociales se basan en una amplia variedad de elementos de aprendizaje

En primer lugar, es importante saber que no existe una fórmula mágica cuando se trata de promover las habilidades sociales y, por ello, centrarse en un aspecto de la educación resulta de poca ayuda. Si deseas ayudar a tu hijo en su desarrollo, debes emplear las técnicas seleccionadas con la mayor frecuencia posible y de forma alterna y, en el mejor de los casos, incluso combinándolas. Es importante asegurarse de que, aunque los padres pasen mucho tiempo con los niños, también les den suficiente espacio para desarrollarse de manera independiente No hace falta decir que tratar con otros niños y jugar con ellos es un factor relevante en el desarrollo de las habilidades sociales. También es de suma importancia que los niños no se queden solos con sus emociones, pues también tienen que aprender primero en qué se basan sus sentimientos, qué significan, cómo se clasifican y cómo pueden y deben reaccionar ante ellos. Finalmente, hay una variedad de actividades y pasatiempos con los que puedes ayudar a tu hijo.

«La calidad en la que se desarrollan las habilidades socioemocionales es de gran importancia en los ámbitos más diversos de la vida (tanto desde la perspectiva del individuo como desde una perspectiva social). En primer lugar, las habilidades socioemocionales son fundamentales para el individuo; y dependen de la calidad con la que un niño o un adulto pueden experimentar y conformar las relaciones con otras personas. Este aspecto es esencial en la esfera privada de la familia y la amistad, pero también en la guardería, la escuela y, posteriormente, en la vida profesional. La

---

[14] Dittmar, Vivien (2014): Pequeños conocimientos emocionales para padres: Cómo los niños desarrollan habilidades emocionales y sociales, edición 4ª, Verlag VCS Dittmar, p. 12 y s.

comunicación determina hasta dónde podemos reconocer y entender los sentimientos de otras personas. Si los demás no reconocen las emociones o las interpretan de manera diferente a lo que se pretende, suelen surgir malentendidos y conflictos: no se pueden relacionar, hablar o actuar entre sí de manera razonable. Además, también se deben distinguir y respetar los límites, pues de lo contrario puede surgir un comportamiento agresivo rápidamente. El estado emocional determina la forma de comportarse y cómo se utilizan las propias posibilidades. Si un niño es inseguro o temeroso, no podrá utilizar sus habilidades creativas de forma óptima para un objetivo específico, sino que tendrá que invertir mucha energía para garantizar su propia seguridad emocional. Por el contrario, un niño que tenga confianza en sí mismo y se sienta seguro, será mucho más curioso y receptivo a su entorno y podrá aprender cosas nuevas con mayor éxito».[15]

6.1 Fomentar las habilidades sociales a través del juego

Si los niños tienen algo en común, es su pasión por jugar. Es precisamente esta afición la que los padres pueden utilizar para fomentar las habilidades sociales de sus hijos. De esta manera, es muy fácil para los hijos ponerse en otros roles y situaciones y así comprender exactamente cómo se perciben los diversos sentimientos. Una opción es la llamada pantomima emocional, un ejercicio adecuado sobre todo para niños de entre seis y doce años en el que deben participar al menos dos. Si no es posible, los adultos pueden intervenir y asumir el papel de los otros niños. La pantomima

---

[15] Pfeffer, Simone (2019): Fomentar el desarrollo socioemocional: cómo los niños se hacen fuertes en una comunidad, Herder Verlag, Friburgo, p. 15

emocional consiste en representar sentimientos utilizando solo expresiones faciales y gestos, mientras que el resto de los participantes tienen que adivinar de qué sentimientos se trata.

Así se juega a la pantomima emocional

Antes de empezar el juego real, los padres deben crear primero los sentimientos correspondientes. En este caso, solo nos referimos a elaborar tarjetas o notas pequeñas y, en cada una de ellas, se debe escribir un sentimiento que luego se explicará mediante pantomima. Los siguientes **términos** pueden formar parte del juego y, si es necesario, pueden ampliarse de acuerdo con las ideas personales:

× Tener miedo	× Sentir envidia
× Ser feliz	× Sentir ira
× Sentirse fuerte	× Sentir repugnancia
× Sorprenderse	× Estar enamorado
× Tristeza	× Avergonzarse

Todos los participantes, ya sean niños o adultos, se sientan primero en semicírculo. El lado abierto del círculo puede verse como un escenario, donde se colocará el niño o adulto que vaya a describir un sentimiento. A continuación, el primer participante debe comenzar a sacar una de las tarjetas elaboradas y se pondrá delante del grupo. Para representar el sentimiento descrito en la tarjeta, solo puede emplear las manos y la cara. Los demás niños y adultos tienen que adivinar de qué sentimiento se trata. Naturalmente, los adultos deben evitar adivinar todos los sentimientos porque, al fin y al cabo, se trata principalmente de enseñar a los niños habilidades sociales y de combinar todo con la mayor diversión posible. El primero que adivine el sentimiento podrá sacar la siguiente tarjeta y colocarte enfrente del grupo. Antes de que esto suceda, debes hablar primero con los niños sobre cómo se reconoció el sentimiento adivinado y cómo se sienten otras personas cuando expresan tal emoción. También se puede hablar de si al niño le resultó fácil o difícil expresar el sentimiento correspondiente y, además, es importante tener tacto. Si a un niño le resulta difícil representar un sentimiento, se le puede ayudar con algún consejo y sin ejercer presión. Si esto no resulta de utilidad, el niño podrá sacar una nueva tarjeta y probar con otro sentimiento.

Debido a la situación a veces un tanto extraña, la pantomima emocional resulta ideal para familiarizar a los niños con la vida emocional de una manera lúdica. En este sentido, no solo llegan a conocer los sentimientos por sí mismos, sino que logran interpretar los de sus semejantes, a clasificarlos y darles respuesta.

6.2 Lo que me hace enfadar, un juego para la percepción social

A muchos niños les resulta muy difícil abordar las emociones, especialmente a una edad temprana. Además, no siempre son los propios sentimientos los que están en primer plano. Cuando un niño está enfadado o triste, suele saber la razón y es capaz de atribuirle un sentimiento. En lo que respecta a los sentimientos de otros niños, a menudo se aprecia de una manera distinta. Como la **conciencia cognitiva** no está lo suficientemente desarrollada, se identifican los sentimientos, pero las causas no se pueden comprender. Un juego llamado «lo que me hace enfadar» es una buena manera de fomentar este tipo de relación interpersonal desde el principio. Asimismo, se trata de un juego adecuado para grupos más grandes de niños y se recomienda que estén presentes tres como mínimo. En caso de apuro, los padres pueden intervenir para asumir el papel de los niños, aunque es preferible que jueguen para estar a la misma altura de la vista.

No se requiere ninguna preparación especial para el juego en sí. En general, se trata de que los niños informen gradualmente de qué eventos contribuyen a su enfado y cómo responden a cada la situación. Se pueden tomar como ejemplo las siguientes afirmaciones:

«Me enfado cuando…

- × …los demás niños no me dejan jugar».

- × …no recibo el regalo que quería por mi cumpleaños».

- × …quiero jugar solo, pero mis padres me molestan».

- × …otro niño me dice cosas malas».

Todos los ejemplos anteriores son acontecimientos que casi todos los niños experimentan durante sus primeros años de vida. A medida que compartan poco a poco lo que les enfada, descubrirán que hay similitudes y también diferencias. Esto les hace ser conscientes de que las emociones como la ira afectan a todos, pero las razones pueden ser completamente distintas. Cuando todos los niños se hayan expresado, es conveniente mantener una conversación con ellos. En este punto, deben contar cómo gestionan las emociones en las situaciones correspondientes y si tienen formas y recursos para procesar u olvidar el enfado. Al compartir experiencias, los niños no solo aprenden que tienen los mismos sentimientos, sino que también existen diversas maneras de abordar cualquier emoción.

Si se desea, se pueden poner en práctica los nuevos conocimientos que los niños han aprendido de este modo y utilizar otro juego. En el «juego de disipar la ira», es posible probar las diferentes formas de eliminar el enfado y gestionarlo. Esto es esencial para la interacción social recíproca, ya que los conflictos solo se pueden trabajar y resolver cuando la ira ha quedado atrás.

Variantes del «juego de disipar la ira»

Los padres pueden repartir las llamadas notas de ira por toda la casa y todos los miembros de la familia las utilizarán cuando se sientan enfadados. En este caso, se coge un trozo de papel, se rompe o se estruja y se tira en una papelera de enfado predeterminada. En ciertos períodos de tiempo, que puedes definir por ti mismo, se debe vaciar la cesta y quemar los papeles durante una agradable barbacoa en el jardín, por ejemplo. De esta manera, paralelamente al propósito real del ejercicio, es posible crear un ritual habitual en el que toda la familia se reúna y pase tiempo junta.

Un simple globo también puede ser un medio eficaz para reducir la ira de los niños. Cuando estén enfadados, pueden coger un globo e inflarlo hasta que estalle, de forma que la ira se esfumará literalmente en el aire.

Como habrás notado, los juegos solo son adecuados hasta una determinada edad y, sin embargo, tienen un enorme potencial de aprendizaje. Básicamente, se pueden utilizar hasta los ocho años. Si tus hijos son mayores, te recomendamos que evalúes por ti mismo si este tipo de juego educativo sigue siendo adecuado para ellos, ya que depende principalmente de su desarrollo personal. Si es evidente que los juegos resultan estúpidos, no se deberían seguir utilizando porque podrían tener un efecto contraproducente.

6.3 ¿Cómo afectan los ejercicios relacionados con las habilidades sociales a los niños?

Para el camino posterior de la vida, es esencial familiarizar a los niños con los sentimientos en una etapa temprana, aunque hemos de recalcar que no solo se han de tratar principalmente sus propias emociones. También deben tomar conciencia e interpretar las de otras personas y, en función de si las habilidades sociales son buenas o deficientes, existen varias ventajas y desventajas. Si nos centramos en las desventajas correspondientes, resulta evidente por qué es importante ayudar a los jóvenes y entrenarlos en el trato hacia los demás.

Ventajas

Las ventajas de las habilidades sociales aprendidas a una edad temprana tienen un impacto rápido y de diversas formas. De esta manera, los niños aprenden desde muy pronto a manejar las reglas y las convenciones. Esto no solo incluye generar una comprensión básica del papel y de la importancia de las reglas, sino que los ejercicios regulares ayudan a los niños a comprender la relevancia de las normas y por qué es importante adherirse a ellas. Además, el entrenamiento temprano también garantiza que los niños entren en contacto con los demás y, al mismo tiempo, aprenden a gestionar situaciones emocionales para poder interactuar con sus amigos. Por último, pero no menos importante, las habilidades sociales que se fomentan aseguran que los niños puedan actuar con confianza y resolver posibles conflictos de manera pacífica.

«Los objetivos concretos de las habilidades sociales solo se pueden lograr si los afectados desarrollan una percepción social diferenciada y un juicio social adecuado y, además, construyen paso a paso un repertorio completo de prácticas sociales. Todas estas condiciones previas se basan en procesos de aprendizaje que pueden promoverse específicamente a través del entrenamiento conductual. Por supuesto, se requieren habilidades específicas en diferentes áreas de la vida de un joven (por ejemplo, hogar familiar, círculo de amistades, escuela, lugar de formación profesional), que se convierten en *habilidades para la vida* en el transcurso de diversas experiencias sociales. Las habilidades para la vida pueden entenderse como *habilidades que se requieren para un comportamiento positivo y beneficioso con el fin de hacer frente a las demandas de la vida diaria*[16]. Estas habilidades se consideran esenciales para el desarrollo positivo de los jóvenes e incluyen, por ejemplo, un autoconcepto positivo, un sentido estable de autoestima y eficacia personal, un sistema personal de valores y normas, así como el sentimiento de pertenencia a otras personas con el comportamiento prosocial resultante[17]. Por lo tanto, las habilidades sociales constituyen una parte esencial de las habilidades para la vida»[18].

Desventajas

Si las habilidades sociales de los niños no se fomentan adecuadamente, pueden surgir varios problemas. En primer lugar, debemos señalar expresamente que, a medida que las personas envejecen, pierden la capacidad de aprender cosas nuevas, y esto también incluye todos los componentes de la interacción social. El no enseñar normas y valores importantes a los niños durante sus primeros años de vida puede llevar al hecho de que

---

[16]Mahmoudi, Armin; Moshayedi, Golsa (2012): *Life Skills Education for Secondary*, p. 1156. En: Life Science Journal, vol. 9 (2), p. 1155-1158

[17]Guerra, Nancy G.; Bradshaw, Catherine (2008): *Linking the Prevention of Problem Behaviors and Positive Youth Development – Core Competencies for Positive Youth Development and Risk Prevention*. En: Guerra, Nancy G.; Bradshaw, Catherine (editado): *New Directions for Child and Adolescent*, vol. 122, p. 1-17

Lerner, Richard M. et al. (2005): *Positive Youth Development Programs, and Community Contributions of Fifth-Grade Adolescents – Findings From the First Wave Of the 4-H Study of Positive Youth Development*. En: Sage Publications: *Journal of Early Adolescence*, vol. 25 (1), p. 17-71

[18]Jugert, Gert; Rehder, Anke; Notz, Peter; Petermann, Franz (2017): *Soziale Kompetenz für Jugendliche – Grundlagen und Training* (Habilidades sociales para jóvenes: fundamentos y formación), 9ª edición, Beltz Verlag, Weinheim, Basilea, p. 15 y siguiente

nunca puedan descubrir y utilizar estas propiedades por sí mismos más adelante. En el peor de los casos, el resultado es un aislamiento social completo que, en última instancia, puede terminar en una enfermedad mental grave.

Naturalmente, no siempre conlleva un estado de emergencia, pero las consecuencias de la falta de habilidades sociales pueden ser graves y tener un impacto negativo en el resto de la vida del niño. Los estudios han demostrado que los niños poco desarrollados socialmente son más propensos a la agresión y la violencia, y no es raro que esto se acompañe de otro síntoma de falta de competencia social, lo que significa que a estos niños también les resulta muy difícil relacionarse con otros niños. En algunos casos, el contacto ni siquiera se produce porque el niño no sabe cómo acercarse y, dado que también tiene menos reputación debido a su naturaleza agresiva, los demás niños tampoco se acercan a él.

Otro efecto es que no se aceptan ni se siguen las reglas existentes: el niño ignora los valores y las normas y los cuestiona constantemente desde que se enfrenta a ellos. Esta característica casi siempre se refleja en el rendimiento académico, pues la falta de reconocimiento de las reglas y de los valores hace que no se acepten el rol del docente ni las tareas encomendadas por él.

Si comparamos las ventajas y desventajas, el panorama es bastante claro. Mientras que los niños socialmente compatibles respetan valores como la moralidad o el sentido del deber sin ningún esfuerzo, los niños con una mentalidad menos social suelen ser rebeldes. No obstante, estos últimos aún pueden desarrollarse socialmente, aunque se hace más difícil con la edad. No existe un límite fijo para esta cuestión, pero en algún momento una persona puede alcanzar el punto en el que apenas es capaz (o ya no lo es) de desarrollar nuevos conceptos morales ni de comprender elementos sociales ni tampoco de descubrirlos por sí misma. Es aún más importante que se muestre a los niños el valor de las habilidades sociales en una etapa temprana y, en el mejor de los casos, que incluso se ejemplifiquen. Los padres son las primeras personas que tienen la oportunidad de moldear y fomentar el desarrollo correspondiente. Si esto no sucede, será cada vez más arduo lograr que los valores y las convenciones sociales correctas sean comprensibles para el niño.

7. LAS RELACIONES ENTRE PADRES E HIJOS

Los niños siempre crecen en un clima emocional que se compone de los sentimientos que ellos mismos experimentan de sus padres. Esto se aplica tanto a los sentimientos que los padres transmiten directamente al niño, como a todas las emociones que intercambian y ejemplifican entre sí. Especialmente a una edad temprana, los niños y adolescentes no solo son sensibles en lo que respecta a su vida emocional, sino que también perciben los sentimientos con especial intensidad y les prestan más atención. Esto se debe al hecho de que uno de los primeros desarrollos en los niños es la aparición de la confianza básica. Es fundamental una **relación intacta entre padres e hijos** para el vínculo posterior entre ellos, así como para las habilidades y los valores que se imparten a los pequeños; podemos señalar que es la base de toda familia funcional. El que se esfuerza no solo le está haciendo un favor a su hijo, sino también a toda la familia. Por otro lado, quienes se preocupan poco por mantener una relación intacta, ponen en peligro principalmente el desarrollo emocional, social y psicológico de sus hijos.

«Nuestras experiencias con nuestros padres están marcadas por una especie de doble vivencia. Por así decirlo, llegamos a conocer las dos caras de la misma moneda al mismo tiempo: por un lado, somos *víctimas* o, en un término más neutral, *destinatarios* de los esfuerzos de educación de nuestros padres. Por otro lado, también aprendemos lo que es ser un *autor* o un *educador*, puesto que los padres son automáticamente nuestros modelos a seguir cuando tenemos hijos. De niños, por ejemplo, percibimos lo duro que es ser insultado por los padres, cuando realmente se quejan de nosotros. Sin embargo, en esta situación, aprendemos casualmente el *arte del abuso verbal* mediante el ejemplo de nuestros padres, que permanece almacenado en nosotros. En definitiva, aprendemos inconscientemente en una estructura doble: por un lado, como niños, somos receptores del mensaje educativo de nuestros padres y, por el otro, aprendemos de ellos simultáneamente cómo cumplir el rol parental. De niños, no podemos defendernos de este doble mensaje, pues nuestros padres son nuestro universo, nuestra primera influencia y nuestro gran amor. Además, cuando tomamos una decisión consciente del tipo: *NUNCA lo hago como mis padres*, solo suele funcionar durante un tiempo determinado. Bajo presión o en situaciones particularmente estresantes, caemos en los patrones aprendidos porque, con independencia de la cantidad de resistencia que pongamos, este doble sello está anclado en nosotros y surge una y otra vez. No obstante, también puede suceder que nosotros, con la firme resolución de no hacerlo nunca como nuestros padres, caigamos en un extremo opuesto y, por lo tanto, podamos llegar a realizar *demasiado de algo bueno*. Si nos sentimos desatendidos en casa, tenderemos a sobreproteger a nuestros hijos».[19]

El aprendizaje de la interacción social

Un entorno amoroso es la base de un desarrollo exitoso durante los primeros años. En ese ambiente, el niño aprende rápidamente que puede intercambiar experiencias, pero también deseos, metas y temores con los demás miembros de su familia en cualquier momento. Ahora bien, no solo nos referimos a los padres, pues gracias a una familia íntegra y armoniosa, esta relación también se puede establecer con los hermanos a través de la

---

[19] Stahl, Stefanie; Tomuschat, Julia (2018): *Nestwärme die Flügel verleiht – Halt geben und Freiheit schenken - wie wir erziehen, ohne zu erziehen* (El calor del hogar da alas, brinda apoyo y concede libertad: cómo educamos sin educar) GU Verlag, p. 12 y siguiente.

orientación adecuada de los progenitores. El resultado de una vida familiar de ese tipo es diverso y existe respeto mutuo, lo que significa que todos los miembros de la familia son iguales y deben disfrutar de los mismos derechos y las mismas libertades. Además, esto ayuda a fortalecer el afecto mutuo.

«La educación es más que la aplicación mecánica de *técnicas* o *manipulaciones* para ganar control sobre otra persona. Más bien, es un tipo de relación especial entre un padre y un hijo que muestra lo que conecta a los dos. Es el resultado de todo lo que damos y recibimos de nuestro hijo. Se compone de todo tipo de influencias mutuas que ejercen unos sobre otros. La calidad de la interacción conforma la relación. Como padres, pueden ser temporalmente más fuertes o controlar la relación mediante el empleo de varios *trucos*, pero la influencia creciente y duradera solo se logra a través de una interacción exitosa, que es un requisito para una relación positiva. Este libro presenta información sobre cómo se relacionan entre sí los padres e hijos, cómo puede salir mal la relación, cómo las interacciones negativas conducen a conductas destructivas en los niños y cómo prevenir estos ciclos negativos (*círculos viciosos*) o mejorarlos».[20]

Para nosotros, como adultos, todo nos parece muy lógico y, de hecho, lo es. Sin embargo, siempre debemos tener en cuenta que los niños y jóvenes en crecimiento ni siquiera pueden tener esta perspectiva y que también tienen una influencia limitada en cuanto a lo armoniosa e intacta que es la vida familiar. Estos aspectos nos incumben principalmente a los adultos y, por lo tanto, debemos considerar que es nuestro deber establecer y mantener estos importantes parámetros para una vida familiar funcional. Los niños siempre reflexionan sobre el comportamiento que llegan a conocer

---

[20] Raser, Jamie (2012*): Erziehung ist Beziehung – Sechs einfache Schritte, Erziehungsprobleme mit Jugendlichen zu lösen* (La educación es una relación: Seis pasos simples para resolver problemas de educación en adolescentes), Beltz Verlag, Weinheim, Basilea, p. 14

a una edad temprana. En un entorno familiar, aprenden muy rápido a expresar sus sentimientos y a comunicarse abiertamente, ya sea a través de gestos o con la ayuda del lenguaje, y se ha demostrado que estos primeros conocimientos son muy formativos, pues darán forma al comportamiento del niño durante el resto de su vida. Por ejemplo, si un niño recibe mucha atención desde una edad temprana, aprenderá de una manera totalmente pasiva que es importante y correcto escuchar a otras personas. Este paso, por sí solo, es un aspecto relevante para el comportamiento social posterior de una persona y se vuelve un poco más complicado cuando se trata de intercambiar sentimientos entre nosotros, ya que no es de ninguna manera un comportamiento innato en los seres humanos. La capacidad de transmitir e intercambiar sentimientos solo se puede aprender y, por esta razón, también suele haber un comportamiento distinto entre los niños en la escuela. Seguramente ya estás familiarizado con que hay niños tranquilos, niños de mente abierta y algunos que destacan por su comportamiento agresivo y, en este último caso, la razón de esta conducta no es siempre que el niño tenga unos padres violentos o que crezca en un hogar lleno de violencia. Más bien, ocurre que el vínculo familiar no es tan fuerte como debería debido a una serie de factores diversos y, de esta manera, cada niño no llega a conocer ciertos valores y sentimientos o muy poco. Una razón que se ha debatido cada vez más en los últimos años es el trabajo estresante y la vida rutinaria de los padres. Cualquiera que esté muy ocupado trabajando y pase poco tiempo en casa o con los niños generará un gran problema que no se suele producir de manera consciente, aunque todavía está presente. Sin la atención necesaria, no habrá forma de expresar los sentimientos. Por otro lado, rara vez se intercambian los sentimientos amorosos, por lo que la mala educación en la escuela suele deberse al hecho de que estos niños apenas tienen experiencia con emociones positivas. Por el contrario, la falta de emociones positivas significa, a su vez, que surgen más sentimientos negativos: cuando los niños no son valorados en casa o reciben poca atención, esa situación los entristece y, en cierto modo, los hace enfadar. Esta última circunstancia se da especialmente cuando encuentran que otras familias son muy diferentes y, al final, experimentan estos sentimientos negativos reprimidos en la escuela. Como puedes ver, desde el nacimiento es importante enseñar a los niños, sobre todo, el valor de los sentimientos y de las emociones positivas, aunque solo es posible si se muestran y demuestran. En este sentido, cabe señalar que es poco probable adquirir muchos sentimientos si no se aprenden en la infancia.

Paralelamente a la dependencia emocional y psicológica de los padres, el nivel físico también tiene una relevancia decisiva. Por supuesto, los recién nacidos tienen diferentes necesidades que no pueden satisfacer por sí mismos y dependen directamente de los padres. No se trata de los aspectos y efectos psicológicos ya mencionados. La dependencia física también es evidente y, por lo tanto, los padres deben satisfacerla deliberadamente. Seguro que solo se puede alimentar a un recién nacido o a un niño pequeño que está creciendo, pero se perdería una oportunidad esencial para brindar al niño cercanía y seguridad. La cercanía física debe experimentarse siempre y con regularidad porque, bien a través de la alimentación o del juego, los niños necesitan esta proximidad física continua para sentirse seguros. Además, de esta forma también desarrollan y conforman sus primeras relaciones emocionales en una etapa temprana (aunque no sean conscientes de ello), que influyen en su desarrollo emocional y social hasta bien entrada la edad adulta.

«La guía amorosa de los padres hace que la relación entre ellos y los hijos sea estable, segura y sólida. En una época como la actual, en la que las relaciones entre niños y adultos están cambiando, es de suma importancia que los padres den a sus hijos oportunidades de pertenencia, seguridad y crecimiento y que los protejan del daño físico y emocional.

De esta forma, ayudan a sus hijos a conseguir la estabilidad emocional que necesitan para sus vidas futuras y, por supuesto, tienen una influencia en sus descendientes, aunque no es tan grande como a la mayoría le gustaría. Y los padres que creen que educar más ayuda en mayor medida o pueden a los niños con presión, rara vez logran lo que pretenden, y la relación entre padres e hijos se ve afectada».[21]

Así comienza la relación padre-hijo

La naturaleza está llena de maravillas y sutilezas que nos han permitido convertirnos en lo que somos hoy. Para protegernos de las dificultades externas, desarrollamos una relación inicial con la madre y el entorno en el que ya se encuentra durante el embarazo. Las voces de los miembros de la familia ya están grabadas y almacenadas en el vientre de la madre inconscientemente. De esta manera, nos acostumbramos a las personas que nos acompañarán en la vida más adelante. Este primer vínculo se vuelve muchas veces más intenso poco después del nacimiento.

Unos días después del nacimiento, es decir, en la primera infancia, los niños todavía no son capaces de entender completamente su entorno ni de percibirlo, pues las sensaciones no están lo bastante marcadas en esta etapa, ni siquiera la vista o la audición. La motricidad tampoco está muy desarrollada y, por lo general, se considera muy poco hábil. Aunque faltan muchas habilidades en esta etapa temprana de la vida, ya se ha establecido un vínculo estrecho entre madre e hijo. La conexión con el padre también se establece muy rápido, pero el vínculo entre madre e hijo es único en su manifestación. En esta fase de su vida y tan pequeños, hay una característica particularmente pronunciada: los bebés ya pueden sentir, aunque sea difícil de creer. El infante aún no puede pensar conscientemente ni identificar situaciones. Su vida cotidiana varía entre diferentes estados como

---

[21] Voelchert, Mathias (2017): *Liebevolle elterliche Führung – Das Praxisbuch* (Guía amorosa de los padres: el libro de práctica) , Beltz Verlag, Weinheim, Basilea, p. 14

cansancio, alegría o curiosidad. El «yo» consciente está lejos de estar presente o incluso acentuado. Sin embargo, es esencial un entorno protegido para que se desarrolle precisamente este aspecto de la existencia humana. La cercanía de los padres, en particular la cercanía a la madre, es la base para satisfacer las necesidades básicas y posibilitar el desarrollo del «yo». El lenguaje técnico también describe esta influencia de la cercanía en el desarrollo como la «función de apoyo del entorno en el bebé». Además, el término define el hecho de que el pequeño no depende de peros para obtener el apoyo de los padres para poder sobrevivir. Por cierto, estas funciones de apoyo están profundamente arraigadas en nosotros y, de hecho, las personas que a veces se consideran muy frías y distantes cambian de conducta en cuanto se convierten en padres. Estos instintos primarios innatos incluyen, por ejemplo, los mecanismos de cuidado o protección a los que recurrimos de forma automática cuando el recién nacido grita. En la mayoría de los casos, el tono de los gritos o las expresiones faciales son suficientes para que muchos padres sepan instintivamente lo que les pide la descendencia en ese momento. Debido a esta estrecha conexión, por inconsciente que sea, las primeras semanas de vida de un recién nacido son muy importantes para su posterior desarrollo personal, social y psicológico. Si, por otro lado, la llamada **confianza básica** no se construye lo suficiente, las consecuencias de esta deficiencia continuarán hasta la edad adulta y el desarrollo y la aceptación social se verán afectados. En algunos casos, se producen situaciones estresantes en los hijos correspondientes que llevan incluso a la pérdida de la relación no solo con ellos mismos sino con todo el entorno.

7.1 La relación entre padres e hijos se desarrolla notablemente a lo largo de etapas

Por lo general, la medida en que la relación entre los padres e hijos moldea a un niño en los primeros meses y años solo se manifiesta en etapas posteriores de la vida. En el rango de edad de tres a seis años, primero se desarrollan todas las funciones físicas esenciales y necesarias, aunque el proceso del desarrollo físico continúa. El cuerpo crece, la musculatura aumenta cada vez más y las habilidades motoras también mejoran gradualmente. Si se logra el control total de la motricidad, se crea uno de los requisitos básicos para entrar en la escuela primaria. Ahora bien, no solo se trata de lo anterior, sino que la personalidad también se desarrolla. Además, como se producen muchos cambios en el proceso, sigue siendo de enorme importancia un vínculo estrecho entre padres e hijos porque estos aprenden cada vez más sobre sí mismos y su entorno. Por otro lado, las distinciones concretas son cada vez más claras, lo que también incluye el reconocimiento de la propia identidad sexual y el hecho de que existan diferencias entre niños y niñas. El tema de los sentimientos está cada vez más presentes y el amor, el dolor o incluso la pérdida juegan en este momento un papel. Para poder procesar y clasificar estos cambios y nuevos sentimientos, se requiere la ayuda de las **personas de referencia**, que seguirán siendo los padres cuando aparezcan cada vez más compañeros de juegos y amigos. Por esta razón, a esa edad, es muy importante y natural tratar con el niño cada sentimiento pertinente, pues es la única forma de aprender a clasificar los sentimientos, su origen y significado. Asimismo, también es conveniente explicarles cómo abordarlos y decirles que, por ejemplo, el dolor es un sentimiento completamente normal, pero que desaparece con el tiempo.

Entre los **tres y los seis años**, los niños también son muy **suscepti-bles a cambios adicionales**. Hasta cierto punto, han descubierto y llegado a conocer el mundo que les rodea de una manera lúdica, pero esto cambiará al llegar a la escuela como máximo, donde la vida de los peque-ños adquiere profundidad y ya no consiste solo en juegos. Aunque mu-chos niños manejan este cambio con facilidad, para otros puede ser muy difícil, y es de suma importancia que los padres identifiquen esta situación y que la clasifiquen correctamente. Además, conviene explicarle al niño que su vida no va a cambiar de una manera tan radical como pudiera pa-recer a primera vista, lo que también es una de las razones por las que las clases de primero suelen limitarse a unas pocas horas al día. La transición desde preescolar no debería ser tan radical. Esto concede tiempo sufi-ciente para que los niños realicen los deberes después del colegio y luego puedan volver a jugar.

Desde que el niño comienza la escuela y tiene una mente abierta social-mente por los padres, define sus relaciones de una manera nueva. Ade-más, hay muchos más niños en el colegio que en el grupo de preescolar, y el pequeño filtra de manera independiente a otros niños cuya naturaleza y carácter se corresponda con sus ideas e intenta entablar amistad con ellos. Por otro lado, los primeros cambios también se manifiestan en el hogar: en el transcurso de los primeros años de vida, los dos padres son iguales y son las personas que se aseguran de que el niño esté bien y de que crezca bajo atención y protección. Ahora bien, a partir de los seis años, el niño redefine su rol dentro de la familia y busca un modelo a seguir. Como regla general, las niñas eligen a su madre como persona de referencia, mientras que los niños tienden a admirar a su padre y quieren imitarlo. Este cambio del `principio de los roles` debe considerarse importante porque ahora los niños están en una etapa en la que observan a los adultos en función del modelo a seguir, lo que implica que se esfuer-zan más por aprender mucho de la persona de referencia y, al hacerlo, también adoptan una variedad de conductas. En consecuencia, debemos asegurarnos de establecer siempre un buen modelo a seguir o, de lo contrario, podremos sentirnos incluso responsables si los niños copian nuestros malos hábitos o comportamientos.

Muchos padres son muy conscientes del hecho de ser vistos como modelos a seguir y actúan en consecuencia con sus hijos: por un lado, nos llenamos de orgullo cuando quieren orientarse hacia nosotros y, por el otro, disponemos de una enorme riqueza de conocimientos que explicar. Ahora bien, los niños de esa edad no solo son observadores activos, sino también pasivos y son conscientes de las cosas que suceden entre los progenitores. Todos sabemos que las peleas ocurren hasta en las mejores familias, aunque nunca deben tener lugar delante de los niños. Esta afirmación puede sonar muy general al principio, pero, precisamente por la función del modelo a seguir, debe tomarse muy en serio. Al fin y al cabo, un niño que vea a una persona de referencia en uno de los padres también se orientará hacia sus acciones en tales situaciones, algo que debe tenerse en cuenta en todo momento. Los niños de esta edad que están a nuestro alrededor suelen percibir más de lo que imaginamos. Por lo tanto, actúa siempre con precaución y trata de comportarte como un modelo a seguir y respeta los valores y las reglas morales, incluso cuando tu hijo no esté delante.

7.2 La etapa de la escuela primaria
Los niños empiezan a ser independientes

Cuando empieza el primer día de clases, los niños cambian mucho, como ya hemos comentado anteriormente, pero en este momento, por primera vez, también se producen cambios importantes desde el punto de vista de la educación, que ya no está solo en manos de los padres, sino que más bien es el profesor de la clase el encargado del aprendizaje durante muchas horas del día. Al mismo tiempo, esto crea una nueva persona de referencia en la vida del niño, algo que supone un paso importante hacia la independencia, así como un desarrollo en lo que se refiere a habilidades sociales. A pesar de todo, no debemos olvidar que, a partir de este momento, el niño tiene que aprender a defenderse sin la ayuda de los padres o familiares. A ello también se asocian aquellas situaciones en las que se despiertan nuevos sentimientos. Además, por primera vez, se deja que el niño se las ingenie solo y, poco a poco, deberá aprender que su progreso depende de sí mismo y que no siempre puede contar con el apoyo de sus padres.

Para no dejar que esta nueva situación sea demasiado intensa y sorprendente, es necesario que participemos activamente. Es evidente que no todos los niños se alegran cuando tienen que empezar a ir al colegio y separarse de sus padres. Sin embargo, una preparación sensible puede facilitar el comienzo de la vida escolar diaria, por lo que es recomendable que hables con tu hijo a solas y le expliques con tranquilidad cómo va a cambiar su futuro. Naturalmente, tendrás que decirle qué es realmente la escuela y por qué es tan crucial para el desarrollo humano y, para ello, puedes aprovechar tu propia historia. Supongamos, por ejemplo, que eres un veterinario. En ese caso, sin una educación escolar que incluya estudios posteriores, no sería posible ejercer esta profesión. Formula entonces un ejemplo correspondiente a tu hijo y pregúntale que qué le gustaría ser de mayor. Con independencia de quiera trabajar como conductor, policía o veterinario, debes hacerle comprender con delicadez que asistir a la escuela y tener buenas notas son requisitos fundamentales para aprender el trabajo de sus sueños. Asimismo, aborda el tema de manera intensiva y pregúntale al niño cuáles son sus expectativas en la escuela y qué posibles miedos tiene. Por otra parte, también puedes utilizar otras opciones para facilitarle el comienzo de la vida escolar diaria. Acompáñale desde tu casa al colegio y enséñale la escuela y los terrenos de alrededor. De esta manera, se enfrentará a menos impresiones y estímulos nuevos el primer día y, aunque desde nuestro punto de vista pueda parecer innecesario el tenerle miedo al colegio, siempre se debe tener en cuenta el aspecto del desarrollo. Los niños siempre están controlados por sus impresiones, pero la percepción cognitiva no puede captarlas en su totalidad, por lo que si el niño está sometido a demasiadas sensaciones que lo distraen, como el hecho de tener miedo, tendrá menos capacidad para seguir las clases de manera consciente. Por otro lado, se volverá más abierto y amable con sus compañeros si no tiene angustia. En el mejor de los casos, las habilidades sociales están tan bien desarrolladas gracias a nuestras intervenciones que nuestros mismos hijos pueden ayudar a otros niños a orientarse en el nuevo entorno escolar durante los primeros días.

7.3 Con estos consejos puedes mejorar la relación con tu hijo

Debemos destacar que, por mucho que los padres se esfuercen, esto no siempre es garantía de una relación sana y buena entre ellos y sus hijos. Y esto se debe principalmente al hecho de que los niños siguen su propio camino a medida que crecen. A una edad temprana, suelen seguir siendo afectuosos y consideran cada vez más a sus padres como modelos a seguir. Ahora bien, con el inicio de la **pubertad**, se producen muchos cambios en los adolescentes y, como resultado, esta relación se puede ver afectada. Los jóvenes persiguen ahora sus propios objetivos y forman cada vez más sus propias opiniones, que no siempre van de la mano de las de los adultos, lo que suele ocasionar desavenencias. Muchos padres llegan a sentirse abrumados ante cualquier situación y reaccionan, a veces por frustración, con castigos, críticas o palabras negativas. Sin embargo, para volver a arreglar la relación, se requiere la acción opuesta y, en lugar de buscar el conflicto, los padres deben cambiar de perspectiva y resolver las causas del problema junto con sus hijos. Si los padres insisten obstinadamente en tener la razón porque hablan desde su experiencia, la relación entre ellos apenas cambiará. Elisabeth Raffauf describe este tipo de situaciones de la siguiente manera:

«Muchos padres y expertos en educación tienen la sensación de que, cuando sus hijos llegan a la pubertad, su función educativa *acaba* y ya no se puede educar a los jóvenes. Pero no estoy de acuerdo. Los padres siguen siendo necesarios como educadores y compañeros presentes durante esta etapa, solo que el estilo de la educación se transforma en el mejor de los casos y los padres se inclinarán cada vez más hacia la negociación. Se tendrá que discutir y negociar más y es conveniente que los padres estén disponibles como interlocutores. Y, además, como interlocutores que también tienen el valor de representar una opinión que no es tan popular para los jóvenes. De esta forma, los adolescentes pueden orientarse, aunque sea para encontrar una actitud de la que distanciarse y estar seguros: No quiero hacerlo así».[22]

Desde nuestra perspectiva como adultos, el comportamiento de los hijos puede ser incomprensible. Quizás también llegue a asustarnos y nos cuestionemos si esa conducta es normal y, además, es habitual que surja la pregunta de qué se ha podido hacer mal con respecto a la educación.

[22] Raffauf, Elisabeth (2011): Pubertät heute – Ohne Stress durch die wilden Jahre (Pubertad hoy: Sin estrés durante los años incontrolables) Beltz Verlag, Weinheim, Basilea, p. 6

Como resultado de estos patrones de pensamiento, muchos padres reaccionan incorrectamente y, a menudo, recurren a castigos severos, ante los que el joven solo seguirá impulsos totalmente naturales. Este es el caso que se da en la naturaleza en el momento en el que un animal se separa de sus padres o de la manada para seguir su propio camino. Y los humanos también experimentamos este proceso que, aunque pueda parecer difícil, se puede resumir en una sola palabra: independencia, la cual, al fin y al cabo, es el objetivo de todo adolescente. En esta etapa, se desarrollan metas, deseos y planes, pero a veces también nos sentimos atacados porque no sale todo como imaginamos: se rompe la primera relación, surge el mal de amores o se fracasa en las metas establecidas. Sobra decir que un individuo que está en pleno crecimiento y desarrollo tiene que procesar estos aspectos.

Como es natural, nuestros temores como padres tampoco son del todo infundados y la conclusión es que solo deseamos continuar haciendo lo que hemos hecho durante todos estos años: proteger y cuidar a nuestros hijos. Sin embargo, a menos que exista una sospecha de enfermedad mental como la depresión, todos estos miedos y este tipo de cuestiones se deben tratar con calma y serenidad. Tómate un momento para volver a cuando estabas en la pubertad: tú también te has desarrollado en gran medida durante ese tiempo tanto a nivel físico como mental. El hecho de aislarnos emocionalmente de nuestros padres y de perseguir nuestros propios ideales es parte del crecimiento. Es probable que no haya una forma correcta de reaccionar ante los niños durante la pubertad, pero sí que existen algunos errores que los padres no deberían cometer.

No insistas en un vínculo estrecho

Hasta cierto punto, los jóvenes siempre se buscan a sí mismos. Quieren poner a prueba sus límites, desarrollarse y, al mismo tiempo, tener que enfrentarse a muchos cambios no deseados y desconocidos. Por esta razón, es importante darles libertad. Los llamados padres autoritarios siguen restringiendo a sus hijos durante la pubertad, aunque en ese momento necesiten suficiente libertad. El vínculo deseado lleva incluso a los padres a intentar estar al mismo nivel de sus hijos cueste lo que cueste y, por ejemplo, empiezan a vestirse como los hijos o a escuchar la misma música. En algunos casos, también intentan identificarse con los problemas de los adolescentes, pero cualquier muestra de ese tipo es contraproducente. Es importante entender que los jóvenes necesitan exactamente lo contrario, es decir, tanta libertad como sea posible, aunque esto no signifique que no se les deba vigilar. Ahora bien, mientras no se reconozcan tendencias negativas, los adolescentes deben encontrar con calma su propio camino y atravesarlo solos si así lo desean. Cuando necesiten ayuda, seguramente acudirán a sus padres con sus preocupaciones.

No rechaces a tu hijo por cambiar

Los jóvenes rebeldes pueden ser muy difíciles de soportar durante la pubertad y, sobre todo cuando su estado de ánimo fluctúa entre bueno y malo o incluso negativo, pueden ponernos nerviosos. No obstante, en este tipo de situaciones, no son decisivos los sentimientos de los padres, sino los de los hijos, quienes ya tienen suficiente para luchar consigo mismos y con su desarrollo. De vez en cuando, esta circunstancia puede causar peleas con los padres y un buen ejemplo de ello son los momentos en los que el hijo tiene que estar en casa. En este sentido, el toque de queda a las 20:00 propuesto no basta para los jóvenes, quienes pueden opinar que «Debería ser a las 22:00». Algo como esto puede ser el origen de muchas disputas que suelen culminar en el hecho de que los adultos no cedan y el hijo vuelva a cada más tarde de lo indicado. Debido a la mera frustración e ira, también están aquellos padres que pasan de sus hijos y que, bajo el lema de «Haz lo que quieras», los abandonan a su suerte. Pero este comportamiento también es erróneo. Aunque no lo parezca, incluso durante las fases de autodescubrimiento, los niños necesitan saber que están seguros y protegidos en casa. Si los padres les quitan esa sensación a través de su forma de comportarse, en el peor de los casos pueden desencadenar problemas psicológicos. Nunca debemos olvidar que los jóvenes de esta edad no cambian su comportamiento sin motivo alguno, sino que pasan por un proceso natural, aunque no siempre parezca correcto y comprensible desde el punto de vista de los adultos.

«¿Cómo fue volver a la pubertad con el despertar de nuevas posibilidades? De alguna manera también fue un nacimiento, el nacimiento de un adulto a partir del niño». Aunque esta transformación conlleve varios años, la fase de expulsión es bastante corta y, después, todo es diferente y nadie quiere volver al pasado. El cambio de niño a adulto es uno de los cambios más importantes en el camino de los seres humanos. Surgen grandes fortalezas, roces, corazonadas y anhelos, discusiones, perspectivas y realizaciones, y también experiencias de fracaso. Se cometen errores y se crea sufrimiento y, de hecho, los ancianos también lo recuerdan: algunos momentos se consideran los aspectos más álgidos de la vida, mientras que hay otras situaciones que sería mejor no volver a vivir. Es evidente que hoy en día harías algunas cosas de manera diferente porque, al fin y al cabo, ahora tienes experiencia en la vida. ¿O no es cierto? Lo que pasó pasó y nada se puede cambiar retrospectivamente, a menos que hubiésemos tenido más conocimientos en aquel entonces. Ahora son los propios hijos los pequeños, pero no pasará mucho tiempo antes de que ellos también sean adultos. Además, no deberían cometer los mismos errores, aunque sí otros distintos. ¿Pero cómo se lo explicamos a nuestros hijos? ¿Realmente podemos facilitarles las cosas a los niños? ¿Podemos ahorrarles algo? Todos tienen su propio destino, e incluso los antiguos griegos decían: ¡No es posible cambiar el destino! Ahora bien, el cambio, el aprendizaje y la percepción oportuna también forman parte del destino.

Nosotros, como padres, nuestra fuerza, nuestro conocimiento y la sabiduría pertenecen al destino de nuestros hijos. Asimismo, hoy en día se puede hablar con los jóvenes de manera diferente a como era antes. Los padres pueden ayudar a garantizar que los trastornos de la pubertad, ese largo embarazo hacia lo desconocido y nuevo, pasen y que sus hijos tengan un comienzo exitoso en la vida adulta. Se trata de una necesidad esencial para que la vida se reproduzca y se desarrolle de manera óptima. Cuando surjan dificultades con los chicos, los padres también se verán perjudicados y querrán hacer todo lo que esté en sus manos para que el problema se resuelva y todos los implicados puedan volver a mirar con alegría hacia el futuro».[23]

Evita los enfrentamientos

El potencial de conflictos entre los jóvenes suele ser muy elevado y, solo por este motivo, no tiene sentido desperdiciar el tiempo en discusiones o peleas interminables. En su lugar, debemos intentar tener un efecto calmante en nuestros hijos y llegar a la raíz del problema. Cuando los dos se hayan calmado, puedes seguir adelante y volver a la conversación de nuevo. En primer lugar, tenemos que darles a los hijos la impresión de que se trata de sus necesidades y no de las propias. Según los psicólogos, el tratamiento de los conflictos es la mejor manera de restablecer una buena relación entre padres e hijos incluso después de discusiones violentas durante la pubertad.

---

[23] Rauscher, Karl-Heinz (2004): *Jugendliche verstehen – Konflikte lösen* (Comprender a los jóvenes: resolver conflictos), Herder Verlag, Friburgo, p. 12 y siguientes

8. DIFERENCIAS DE GÉNERO
EN LA PSICOLOGÍA DEL DESARROLLO

Con respecto al desarrollo psicológico de niños y adolescentes, la mayoría de los cambios y comportamientos específicos de género no se manifiestan hasta el inicio de la pubertad. Aunque los pequeños ya son capaces de diferenciar entre niños y niñas en la edad preescolar, este hecho no tiene mucha influencia inicialmente en su comportamiento. Un aspecto que con frecuencia se puede observar durante este período es la delimitación de los dos sexos en función de los intereses. Los chicos buscan a otros niños como personas de referencia y juegan a vaqueros e indios o al fútbol, mientras que las niñas se dedican mayoritariamente a jugar con muñecas o a disfrazarse. En términos de conducta, casi no hay ninguna diferencia e, incluso teniendo en cuenta la posibilidad de conflicto o de agresión, apenas hay divergencias entre los dos sexos en la edad preescolar.

Sin embargo, el hecho de que los niños tomen conciencia de su género no es un requisito biológico y los padres tampoco se lo transmiten fácilmente a los pequeños. Incluso cuando se llevan a cabo conversaciones adecuadas entre padres e hijos, el reconocimiento del propio sexo ocurre a una edad en la que se responsabilizan menos a las influencias externas que a un proceso grupal. Los niños aprenden de la colectividad del entorno y de las experiencias vividas su género. Los modales sociales se encargan del resto y definen ciertos patrones o reglas de conducta e, inconscientemente, se reúnen en grupos del mismo sexo porque sus intereses tienden a superponerse.

Con respecto al desarrollo psicológico de los niños, las diferencias entre sexos solo se vuelven interesantes con el inicio de la pubertad. Además de una multitud de cambios físicos, esta fase también va acompañada de enormes desviaciones en términos del comportamiento social. También se ha de señalar que el período de la pubertad puede variar de un niño a otro. Hoy en día, los expertos hablan de una etapa que puede extenderse desde los diez hasta los 18 años y que se puede subdividir aproximadamente en tres fases. Cada una de ellas incluye diferentes cambios físicos, así como experiencias psicológicas y sociales, que conducen a una modificación importante en la conducta del niño. La medida y, sobre todo, la dirección en la que cambia este comportamiento pueden ser totalmente diferentes. Por este motivo, también es recomendable que los padres aborden el tema de manera intensiva. Es posible que cada uno de nosotros hayamos experimentado la pubertad, pero la propia experiencia puede diferir mucho de la de nuestros propios hijos. Aquellos que conocen los diferentes patrones de comportamiento psicológico y social pueden comprender mejor por qué su hijo se comporta de una manera durante la pubertad.

«En principio, no se puede esperar que una persona se apresure voluntariamente hacia cada aventura que se le presente, sobre todo si no se le puede garantizar un resultado seguro. ¿Cómo se puede lograr que los individuos prueben repetidamente nuevas condiciones de vida, se adapten a ellas y encuentren así las mejores estrategias de supervivencia posibles para la especie humana? La naturaleza ha encontrado la siguiente receta para ello: se coge una fase de la vida, a saber, la pubertad, que se caracteriza por la individualización (relación con el ego), junto con el cuestionamiento de lo tradicional, mientras que el órgano de control, es decir, el cerebro, se reestructura. Para que las ganas de probar y experimentar estén garantizadas en cualquier caso, la naturaleza pone el listón un poco más alto en cuanto a la sensación de placer en esta fase de la vida, es decir, aumenta la sensibilidad de la hormona de la felicidad (dopamina): se necesita más dopamina para desarrollar una sensación de felicidad, el chute. El denominado sistema de recompensa juega aquí un papel crucial. Los adolescentes en la pubertad están dispuestos a correr mayores riesgos para provocar un sentimiento positivo. El hecho de que este comportamiento experimental no conduzca a autolesiones incontroladas, sino a la competencia de riesgo, que es importante y necesaria para la existencia continua de la humanidad, ya no es responsabilidad de la naturaleza, sino del entorno correspondiente. La naturaleza *solo* ofrece las condiciones óptimas para probar determinados comportamientos. Cada entorno es responsable del marco (rango de tolerancia) en el que todo esto tiene lugar. ¡No es la naturaleza humana, sino también su entorno lo que determina el rumbo de su desarrollo!».[24]

La primera fase de la pubertad

Por lo general, la primera fase de la pubertad ocurre **entre los diez y los doce años**. Los cambios físicos típicos que se presentan son principalmente cambios en la voz en los niños, la primera menstruación en las niñas y el crecimiento del vello púbico en los dos sexos. La producción de hormonas y la liberación de adrenalina también suelen aumentar durante esta fase. Debido a este cambio, entran en juego cambios psicológicos por igual en ambos sexos. El inicio de la pubertad suele ir acompañado de una mayor sensación de vergüenza. Las niñas, en particular, a menudo cierran la puerta de su habitación o del baño porque no terminan de aceptar los cambios físicos. Además, no es de extrañar que ese pudor vaya acompañado de dudas o incluso depresión. Por este motivo, es necesario que los padres estén atentos si notan los primeros signos de la

---

[24] Stier, Bernhard; Höhn, Katja (2017): *Abenteuer Pubertät* (La aventura de la pubertad), Kösel-Verlag, Múnich, p. 19

pubertad. En este sentido, las conversaciones informativas en una atmósfera tranquila son el mejor medio para disipar las dudas y restaurar la estabilidad psicológica. No obstante, ahora el comportamiento social también puede diferir significativamente de la conducta anterior. Debido a la mayor sensación de vergüenza, los niños y las niñas tienden a mentir o a guardarse secretos durante la primera fase de la pubertad y, además, comienza un cambio en la **percepción cognitiva** de manera subconsciente. Prueba de ello es que de repente se desechan los peluches o los muñecos y se reorganiza toda la habitación. No es raro que empiecen a ver como ídolos a estrellas o deportistas y que, posteriormente, los niños o los adolescentes decoren las paredes de las habitaciones con sus fotos. De cualquier modo, la primera fase de la pubertad puede provocar un cambio importante para los padres, ya que los adolescentes suelen crear una cierta barrera con respecto a sus progenitores. En lugar de pasar tiempo juntos, la atención se centra ahora cada vez más en los amigos y empiezan a observarse los primeros encuentros secretos entre chicos y chicas que descubren sentimientos recíprocos. Cualquier desviación de los comportamientos anteriores puede ser un indicador importante para los padres del inicio de la pubertad y de los problemas asociados con ella.

Fase 2: La inclinación al riesgo y la experimentación se incrementan

La segunda fase de la pubertad suele ser la más intensa y la más estresante de las tres fases, tanto para los hijos como para los padres. Tanto los niños como las niñas llegan a esta **fase entre los 13 y los 15 años**. En especial, la apariencia en ambos sexos empieza a cambiar significativamente y, por ejemplo, la excesiva producción de grasa en la piel conduce a una mayor formación de granos en muchos jóvenes. Las proporciones corporales también suelen variar de manera importante a medida que comienzan los períodos de crecimiento y surgen las características específicas de género. Pero, además de los cambios físicos, también aparecen diversas anomalías psicológicas. En particular, el crecimiento acelerado y el aumento de la masa muscular durante esta fase llevan a los **adolescentes varones** a desarrollar **fantasías de omnipotencia o grandeza** y a volverse altos y fuertes. Esto suele ir acompañado de un **comportamiento rebelde**. Por otro lado, las **niñas** tienden a reaccionar de manera diferente debido al cambio en las proporciones corporales: **se sienten incómodas, vulnerables** y, en algunos casos, **presentan problemas de autoestima**. Durante la segunda fase, ambos sexos tienden a poner a prueba sus límites, a superarlos y a mostrar una fuerte predisposición a la experimentación. En el caso de las niñas, también se establecen ideales de belleza que conducen al hecho de que comienzan a maquillarse, probar nuevos peinados y a interesarse más por el sexo masculino.

No todo supone tanta rebeldía, ¿verdad? Fase 3 de la pubertad

Una vez que los hijos han pasado las dos primeras fases de la pubertad, tanto ellos como sus padres superan la peor parte. En especial, el carácter rebelde y las peleas con los padres disminuyen de modo significativo **entre los 16 y los 18 años**. Los cambios físicos finalizan y se aceptan en gran parte y, por lo general, los « nuevos cuerpos » incluso se disfrutan ampliamente. Por otra parte, también aumenta la vanidad porque la apariencia tanto en uno mismo como en los demás se convierte en una prioridad a la que se le concede mucha importancia. El deseo de sentirse bien con su propio cuerpo se acentúa más que nunca, por lo cual muchos jóvenes empiezan a entrenar con pesas o a ir al gimnasio para mejorar la condición física. Por supuesto, ambos géneros empiezan a experimentar con su sexualidad. Con respecto a la mentalidad, se pueden reconocer más individualizaciones, ya que la comprensión cognitiva está casi totalmente desarrollada en esta fase. La autoestima alcanza un nivel muy alto, pero a veces se asocia con un enorme ego de uno mismo. Este último, combinado con apariencias egocéntricas, provoca ocasionalmente disputas dentro de la familia a pesar de que la situación general se haya calmado. A nivel social, también se cristalizan otras cualidades: se despierta el interés político en muchos jóvenes y la planificación del futuro también empieza a tomar forma. Los jóvenes de ambos sexos continúan alejándose de las pautas de los padres y son cada vez más autónomos.

¿Cómo deben interpretarse los cambios de conducta?

El comportamiento de los chicos y las chicas durante la pubertad es difícil o imposible de entender para la mayoría de los adultos. Cuanto más mayores se van haciendo, más se tienden a ver como personas adultas. En este sentido, también se miden en relación con este grupo de edad, sobre todo en lo que respecta a los componentes sociales y los principios de actuación. Sin embargo, en este punto, muchos padres se olvidan de que todavía tienen adolescentes frente a ellos a quienes les gusta describirse a sí mismos como adultos, pero que, en gran parte, siguen siendo niños. Además, los padres tratan de interpretar cada emoción o mensaje que expresa el niño, lo que genera otra fuente de conflicto. Que los adultos sean capaces de entender a sus hijos durante la pubertad y en qué medida dependerá principalmente de cuánto se preocupen por sus hijos y de su evolución. La conducta no es siempre lo que parece ser y lo que se pretende expresar con ella y, en esta etapa de desarrollo, también existen diversos patrones de comportamiento entre los niños y las niñas que deben analizarse lo mejor posible para comprender las necesidades o los temores que se esconden detrás de ellos.

«De todos modos, todo el mundo tiene derecho a la pubertad. Por lo tanto, etiquetar a un joven como un *cactus* es ambivalente. Se asume que las causas de todos los conflictos y las incomodidades de la pubertad son el resultado de la naturaleza poco hábil de los fragmentos de la personalidad inacabados y activados por las hormonas. De lo que menos se es consciente es de que los jóvenes desarrollan su ser específico en el marco de un sistema que incluye muchos otros factores: padres, colegio, amigos, medios de comunicación, etc., que a su vez se corresponden con ellos emocional y sistémicamente. Los jóvenes también son un ejemplo del dicho *el que siembra recoge*. Los trece años de aportes de los padres realizados de manera gradual empiezan a dar sus frutos. El menú de la personalidad en la cocina de la educación contiene, entre otras cosas, precisamente esos ingredientes que hemos cortado antes o no. ¿Demasiada pimienta? ¿O le falta aliño? ¿No tiene buen gusto? ¿O hay un defecto en la cocina? ¿Se está rebosando porque nos hemos despistado? ¿La olla ha empezado a pitar porque no estamos cerca? ¿O ni siquiera hemos probado una receta razonable al confiar en el rápido microondas? La personalidad de una persona se desarrolla durante la pubertad, etapa en la que destacan de manera significativa sus cualidades y se empiezan a manifestar la disposición, los talentos y las aptitudes. El perfil de una persona que hasta ahora parecía estar en *stand-by* se hace visible, se despierta y cobra vida. Ahora bien, este nuevo individuo no se suele corresponder con la imagen, al menos general, que sus padres se hicieron de él y provoca decepción: al hijo no le interesan las aficiones del padre, la hija no está de acuerdo con el papel de su madre, se abandonan las clases de piano (que siempre habían sido una carga, pero que es ahora cuando el joven puede decirlo) y el partido político favorecido por los padres es la última opción. El adolescente busca su perfil en la delimitación».[25]

Patrones de conducta y su interpretación en los chicos

En el transcurso de la pubertad, existe una **rivalidad cada vez mayor entre muchos adolescentes varones**, algo que se manifiesta en el hecho de que se miden las fuerzas y, en el peor de los casos, incluso puede dar lugar a discusiones físicas. Detrás de esto, suele esconderse el deseo de reconocimiento, el aumento de la autoestima o la exteriorización de la

---

[25] Lehnert, Folker; Felicitas, Lehnert (2012): *Ehe in der Teeniekrise – Wenn Eltern in die Pubertät ihrer Kinder kommen-12 Denkanstöße* (Matrimonio en la crisis adolescente: Cuando los padres se acercan a sus hijos en la pubertad-12 aportaciones interesantes), Neukirchener Verlagsgesellschaft, Neukirchen- Vluyn, p. 12 y siguiente

propia imagen, aunque también el miedo a sentirse inferior. Con frecuencia, cualquier patrón va acompañado de demostraciones de poder o comportamientos machistas que evitan, inconscientemente, que se muestren los sentimientos para insinuar fuerza y ocultar el miedo a no ser un hombre de verdad. Asimismo, la importancia de los **símbolos de la categoría social** también se expone al mundo exterior: el dinero, los teléfonos móviles o la primera moto suelen utilizarse para sentirse mejor que los demás. Y, en la mayoría de los casos, esto se basa en la necesidad de reconocimiento y el deseo de aceptación dentro del entorno social fuera de la familia.

Si bien los comportamientos descritos anteriormente son normales y, por lo general, inofensivos en muchos adolescentes, existen otros patrones a los que se debe prestar mayor atención. Así, por ejemplo, los **videojuegos y el ordenador**, además del consumo de drogas legales e ilegales pueden generar una dependencia interna. El ordenador y los videojuegos se utilizan a menudo como una manera de evadirse de la realidad por existir problemas o miedos sin solución en la vida cotidiana. Probar drogas y alcohol también es muy delicado porque existe un alto riesgo de dependencia. Cuando la dinámica de grupo en el círculo de amigos es muy acusada, se produce un riesgo particular y, por supuesto, si notas algún patrón extraño en tu hijo, debes actuar e intentar entablar una conversación tranquila y de confianza en la que no culpes. Por el contrario, es recomendable preguntarle sobre sus sentimientos, problemas o miedos y sugerirle soluciones.

Diferentes patrones en las chicas

No solo los niños se caracterizan por diferentes patrones de comportamiento durante la pubertad, sino que las niñas también tienden a comportarse de una manera que, en realidad, solo tiene la intención de expresar necesidades o anhelos o de ocultarlos. La comparación visual con otras chicas es particularmente característica y la **búsqueda de reconocimiento** conduce ocasionalmente a un **pronunciado culto al cuerpo** para disimular el miedo a sucumbir. A diferencia de la contraparte masculina, las «competencias» rara vez se resuelven por la fuerza. Asimismo, se aconseja precaución con las chicas, incluidos los chicos, ante un excesivo consumo de alcohol y el uso de estupefacientes ilegales. En esta fase del desarrollo, las niñas son muy **propensas a las dependencias emocionales**.

No obstante, los patrones de conducta expuestos no significan necesariamente que un niño se esté enfrentando a problemas mentales o emocionales, sino que **suele** tratarse de **curiosidad** o del comportamiento normal dentro del grupo de los jóvenes. Como padres, aún debemos estar en guardia y estar siempre atentos a la situación, pues tanto a las niñas como a los niños les resulta difícil comunicar sus problemas a sus progenitores durante la pubertad. Por eso, es mucho más importante demostrarles, de vez en cuando, que siempre estaremos ahí para apoyarles, aunque ya deberían haber construido una cierta distancia de nosotros. De este modo, dejaremos una puerta abierta para que nuestros hijos acudan a nosotros en caso de problemas serios o miedos.

9.

FOMENTAR EL AUTOCONCEPTO DE LOS NIÑOS PARA FORTALECELOS

El desarrollo de un **autoconcepto** sano en los niños no es tan natural como muchos creen. No obstante, en principio se puede afirmar que es deseable tener un autoconcepto positivo. Ahora bien, ¿qué es el autoconcepto y cuál es la relación entre él y la mente de los niños? Con respecto a esta cuestión, los padres deben considerar cómo pueden ayudar a sus hijos a desarrollar un concepto saludable de sí mismos.

Para explicar lo que se esconde detrás del término del autoconcepto, utilizaremos primero un breve ejemplo: a un alumno de una clase de primaria se le pide que lea un párrafo específico del libro de texto. En lugar de leer, se niega y responde que no va a leer en voz alta porque no puede hacerlo. Incluso después de los reiterados intentos del profesor, el estudiante permanece en su actitud defensiva e insiste con vehemencia en que no se ve a sí mismo en condiciones de hacerlo y, por lo tanto, no acepta el reto. Tras otras peticiones, el niño sigue obstinado y, al final, dobla el libro furioso. En este momento, queda claro que dicho alumno simplemente se ha resignado con su supuesta incapacidad y se ha rendido. No considera sus aparentes dificultades de aprendizaje como un impedimento a superar, sino que más bien representan un obstáculo que, en su opinión, no puede superar en absoluto. Cualquier declaración no tiene que ser siempre el resultado de un bajo autoconcepto de sí mismo y, en la mayoría de los casos, no lo es, ¿cuál es la causa?

Para responder a esta pregunta, primero es importante saber que los niños, aunque los adultos no suelan estar de acuerdo, son al menos tan diferentes y particulares en sus emociones como nosotros. Incluso en preescolar o en la escuela primaria, puede suceder que tengan dificultades con las dudas debido a ese hecho. El factor decisivo suele ser la presión psicológica existente que se basa en el fracaso o el miedo al fracaso. En este sentido, no siempre son ellos los estudiantes que parecen tímidos a primera vista, sino que la timidez también puede afectar a aquellos alumnos que parecen fuertes y seguros de cara al exterior. El problema principal con esa mentalidad no es el modo de pensar en sí, sino la espiral descendente que puede desencadenar. El comienzo de este desarrollo negativo suele ser un bajo nivel de tolerancia a la frustración y, de hecho, los mínimos desencadenantes generan una conducta agresiva o de renuncia. Asimismo, la motivación para afrontar una tarea desciende mucho y, por ello, las pequeñas obligaciones se consideran obstáculos importantes que también reducen la **autoestima**. Son precisamente estos aspectos los que los niños ya empiezan a distinguir con mucha claridad en su carácter y el conocimiento sobre uno mismo y sus habilidades no se tienen tanto en consideración. Y así es exactamente como se define un autoconcepto negativo. Las propias habilidades no se pueden poner a prueba porque falta coraje o motivación y, por otro lado, el miedo al fracaso también puede ser la causa.

«Según Shavelson (1976), el autoconcepto está estructurado jerárquicamente.[26] En la cima de la jerarquía se encuentra el autoconcepto general que, a su vez, comprende facetas específicas como, por ejemplo, la apa-

---

[26] Brunner, Martin et al. (2010): *The Structure of Academic Self-Concepts Revisited – The Nested Marsh/Shavelson Model.* En: Journal of Educational Psychologie, vol. 102 (4), p. 964-981

riencia física (*Me veo genial*), las relaciones sociales (*Tengo muchos amigos*) o las habilidades académicas (*Estudiar se me da bien*).[27] El autoconcepto académico en la edad escolar temprana incluye principalmente la evaluación y valoración de las habilidades matemáticas y verbales.[28] Para la formación del autoconcepto académico, son esenciales la retroalimentación sobre el rendimiento de otras personas significativas (por ejemplo, los profesores), así como las comparaciones sociales y dimensionales.[29] Los estudiantes comparan sus propias facultades y los logros no solo con los de otros compañeros (comparación social), sino también con los progresos relacionados entre sí en diversos ámbitos como el verbal o el matemático (comparación dimensional)».[30]

Veamos de nuevo la palabra autoconcepto desde una perspectiva más distanciada. Por lo general, se puede decir que el autoconcepto está íntimamente relacionado con otros términos como la autoconfianza y la autoestima. Todo ser humano y, por tanto, todo niño se define a sí mismo mediante el empleo de cualquier término. Si la autoconfianza y la autoestima son bajas, se puede afirmar que el autoconcepto también está sujeto a niveles bajos. A diferencia de los adultos, la reflexión en los niños es distinta, y se definen principalmente por un reflejo de la conducta de los adultos. En términos concretos, esto significa que, inconscientemente,

---

[27] Marsh, Herbert W.; Shavelson, Richard (2010): *Self-Concept: Its Multifaceted, Hierarchical Structure*, vol. 20 (3), p. 107-123

[28] Byrne, Barbara M. (1996): *Measuring self-concepts across the life span – Issues and instrumentation, American Psychological Association, Washington DC*

[29] Filipp, Sigrun-Heide (2006): *Entwicklung von Fähigkeitsselbstkonzepten* (Desarrollo de habilidades autoconceptuales). En: Revista de Psicología de la Educación, vol. 20, p. 65-72

[30] Marsh, Herbert W. (1986): *Verbal and math self-concepts – An internal/external frame of reference model*. En: American Educational Research Journal, vol. 23 (7), p. 129-149
Ehm, Jan-Henning; Duzy, Dagmar; Hasselhorn, Marcus (2011): *Das akademische Selbstkonzept bei Schulanfängern – Spielen Geschlecht und Migrationshintergrund eine Rolle* (El autoconcepto académico en los niños que empiezan su etapa escolar: El papel que juegan el género y el origen inmigrante), p. 37. En: Frühe Bildung, 0, Hogrefe Verlag, Göttingen, p. 37-45

quieren medirse o compararse con respecto a nosotros, aunque sus habilidades aún no estén lo bastante desarrolladas como para poder identificarse.

9.1 Cómo se puede influir positivamente en el autoconcepto

Como padres, tenemos un gran impacto en cómo cambia el autoconcepto de nuestros hijos, un aspecto que es de suma importancia. Como ya se mencionó, el autoconcepto es muy influyente con respecto al comportamiento de los niños y los jóvenes. Si el concepto de sí mismo es estable y puede calificarse como positivo, el niño se atreverá a afrontar con seguridad y optimismo los desafíos venideros y, de esta manera, acumulará nuevas experiencias. Esto también incluye el conocimiento de que la valentía y la voluntad conducen al éxito por regla general, lo que implica un esquema completamente natural que se percibe como tal automáticamente en los triunfos. Ahora bien, llegar a este punto no es tan fácil para muchos niños, por lo que debemos averiguar qué opciones tenemos para ayudar a nuestros hijos a optimizar su autoconcepto.

El amor y el afecto no se pueden condicionar

La mentalidad de los niños y de los adolescentes se crea principalmente en el hogar. Cuanto más favorable sea el ambiente de los padres con sus propios hijos, más podrán beneficiarse de él, y todo lo que aprendan en casa será una experiencia formativa para ellos. Por lo tanto, es indiscutible la importancia del comportamiento de los padres, aunque en algunas familias, la estructura esté rota y marcada también por la violencia. Cualquier experiencia se manifiesta en forma de eventos negativos y queda tan manifiesta como una vivencia positiva. Ahora bien, no siempre son las experiencias negativas las que tienen un efecto perjudicial. El comportamiento excesivamente afectuoso y la presión consciente o inconsciente que se ejerce sobre los niños y los adolescentes también pueden tener consecuencias negativas para su desarrollo psicológico. Así, por ejemplo, hay padres que empiezan a planificar la vida de sus hijos poco después de su nacimiento: unas buenas notas escolares, un grado posterior, una determinada carrera o el éxito deportivo no solo son deseables, sino que a menudo se convierten en una condición. Sin embargo, las condiciones en particular suelen ser muy críticas y, en este tipo de situaciones, después de las consecuencias de los errores, los niños tienen la sensación de ser menos queridos porque los padres se sienten decepcionados. Este es uno de los errores más graves que pueden cometer los padres: ponen condiciones al amor y, a veces, de forma inconsciente. En este sentido, conviene señalar que este tipo de conducta es completamente incorrecta y contraproducente, pues el amor que le da a un hijo nunca debe estar sujeto a condiciones. Si se da el caso, el autoconcepto se verá inevitablemente afectado y es decisiva la llamada **confianza básica**. Esta confianza básica se basa en la experiencia que tienen los niños de que son amados a toda costa, independientemente de su éxito o fracaso. Solo cuando está presente este amor incondicional, aparte de las condiciones, podrá surgir y desarrollarse la confianza básica.

De esta forma, los niños perciben que sus padres están ahí para ellos y los cuidarán incondicionalmente, aunque fracasen en sus tareas. La confianza básica generada es el mejor comienzo de la vida que los padres pueden ofrecer a sus hijos.

Para explicar qué influencia ejerce el comportamiento de los adultos en nuestros hijos, utilizaremos un ejemplo concreto y cotidiano que se puede encontrar de esta forma o de una manera similar en muchas familias. Con muy unos pocos años, los niños suelen estar inscritos en clubes deportivos, un hecho sobre el que no hay nada que objetar. El ejercicio es muy importante, especialmente a una edad temprana, ya que de esta manera se pueden entrenar y mejorar en gran medida las habilidades motoras y la confianza en uno mismo. Dado que todos los deportes también están asociados con la competición, aquí existe un gran peligro. Algunos padres tienden a esperar el logro deportivo porque quieren educar a sus hijos sobre el principio del éxito en todo lo que sea posible, y este punto tampoco es reprochable. Sin embargo, sí que supone un problema cuando el fracaso en especial se califica abiertamente de manera negativa. Si, por ejemplo, los padres muestran su decepción con el niño después de perder un partido de fútbol, esto tendrá un efecto negativo en el autoconcepto, ya que la autoestima se verá afectada. En el siguiente partido, el niño se dirigirá automáticamente a la cancha con un miedo básico a las reacciones negativas. Por su parte, los padres que apoyan y animan a su hijo incluso después de la derrota logran el efecto contrario, donde el niño aprende que el fracaso no tiene por qué tener consecuencias negativas. Al fin y al cabo, estamos hablando de un partido de fútbol juvenil insignificante. Independientemente del resultado, y este aspecto se puede aplicar a todos los ámbitos de la vida, los padres siempre deben acercarse a sus hijos con sentimientos de amor, seguridad, protección y calidez. Los niños, simplemente, tienen que tener la sensación de estar a salvo en un entorno familiar las 24 horas del día. De este modo, aprenderán de manera inconsciente que, incluso en los peores fracasos, siempre contarán con personas a su alrededor para prestarles apoyo. La experiencia básica que los niños aprenden de esta forma se puede plasmar en tres palabras cortas, pero extremadamente importantes: «Me quieren».

Proporciónale a tu hijo comentarios deliberadamente diferenciados

Cuanto más pequeño es un niño, más experiencias que aún no puede evaluar por sí mismo posee. Por lo tanto, la evaluación de los padres es un paso importante para poder clasificar cada una de las experiencias como positivas o negativas. En este sentido, es evidente que se requiere mucho tiempo y atención que solo pueden ofrecer los padres y, siempre que sea posible, se deben observar todas las acciones y habilidades que realice o desarrolle un niño. Las palabras de elogio o de ánimo en particular tienen una gran influencia en la autoestima, y este hecho se manifiesta sobre todo en el caso de los niños pequeños porque a esta edad pueden sentirse más felices con los elogios e, inconscientemente o incluso conscientemente, recordarán que han recibido comentarios positivos de sus padres por determinadas acciones. De esa manera, se le muestra claramente al niño que es bueno o que actúa bien, y cada halago repercutirá en una mayor confianza en las propias habilidades. Y es justo ese crecimiento lo que es fundamental e impulsa al niño a enfrentarse a las inseguridades, dificultades o a los obstáculos, sin darse por vencido justo después de un fracaso.

«La calidad de vida de una persona depende en gran parte de su confianza en sí misma. Si tiene la suficiente confianza, experimentará satisfacción con más frecuencia que alguien que tenga falta de autoestima. Las personas seguras de sí mismas se describen como personas que saben lo que quieren. Si alguien conoce sus necesidades y deseos reales, puede exigir y hacerse constantemente las preguntas *correctas* sobre la vida. Las preguntas *correctas*, a su vez, generan respuestas *correctas*: respuestas que son satisfactorias. Pero la satisfacción no solo cuando ocurre se satisfacen las necesidades y los deseos, sino también cuando se dan respuestas negativas. Fundamentalmente, la satisfacción no significa más que poder vivir en coherencia y diálogo con la realidad, lo que permite soltar los deseos y que no haya una fijación neurótica en ellos. Pero para poder experimentar la coherencia por completo, es necesaria la confianza en uno mismo. La autoestima es tanto una condición imprescindible como el resultado de un desarrollo psicológico *saludable*. Sigmund Freud describe la capacidad de disfrutar, que se relaciona con la capacidad de experimentar satisfacción, como un criterio decisivo para la salud mental».[31]

Sin embargo, el factor determinante es cómo se le transmite la retroalimentación al niño. Cualquier persona que solo exprese elogios de manera casual y reiterada con frases generales tendrá una influencia menos positiva que alguien que brinde **comentarios diferenciados**. Pero, ¿qué significan exactamente los comentarios diferenciados? Para explicarlo y mostrarte cómo puedes influir en tu hijo de distintas maneras, volveremos a utilizar un ejemplo.

Por otra parte, los padres también desean tomarse un pequeño descanso de sus hijos de vez en cuando y les gusta pasar tiempo con los amigos. Por eso, suelen llamarlos e invitarlos a disfrutar de un día agradable de barbacoa en el jardín. Los amigos pueden llevar a sus hijos y, mientras los padres están sentados a la mesa y tienen una conversación animada, casi siempre sucede que un niño se acerca a la mesa para contarles a sus progenitores alguna experiencia o algún éxito reciente como, por ejemplo, que está jugando con los demás niños. Sin embargo, dado que los padres están conversando, el éxito del que el pequeño está tan orgulloso se despacha con una respuesta general del tipo «Muy bien», que no tiene por qué ser necesariamente dañina. No obstante, no es del todo útil porque el niño escucha este tipo de comentario una y otra vez y, por lo tanto, a la

[31] Hörburger, Renate (2002): *Selbstbewusstsein – Wie Erwachsene sich und ihre Kinder stärken* (Autoestima: cómo se fortalecen los adultos a sí mismos y a sus hijos) 2ª edición, Klett-Cotta Verlag, p. 9

larga no podrá distinguir cuándo y por qué lo elogian. En este punto, llegamos a los comentarios diferenciados antes mencionados. En lugar de una respuesta general como en el ejemplo, como padres, no solo deberíamos elogiar el resultado, sino que también es importarte asegurarnos de tener en cuenta el camino que ha llevado a esa consecuencia. ¿Qué es lo que ha hecho exactamente bien el niño para lograr el objetivo por el que está feliz en este momento? ¿Qué esfuerzos realizó para obtener ese resultado? Son justo estos aspectos los que se deben analizar primero para luego incluirse en la retroalimentación. Si se tiene éxito en este punto, el niño aprende que no solo el logro de una meta es lo que tiene valor y que está capacitado para aprender cómo llegar hasta él, además de preciar los esfuerzos y las habilidades empleadas. Como resultado, no solo extrae confianza en sí mismo, sino también el conocimiento de que ya tiene determinadas habilidades que puede usar en diferentes ámbitos en el futuro. Asimismo, es esencial no encomiar cada nimiedad: los elogios deben ser algo especial y, por tanto, no emplearse en exceso. En cambio, realza los logros especiales de manera diferenciada para contribuir enormemente a que tu hijo desarrolle un concepto positivo de sí mismo. Si, por otro lado, el niño recibe una lluvia de elogios, no podrá gestionar esta situación de forma consciente. Si se valora cada pequeño detalle con las mismas palabras, el aprecio por los elogios disminuirá poco a poco.

Evita las desvalorizaciones

El autoconcepto de los niños y de los depende en su mayor parte de cómo se los elogie o se les reprima por su conducta. Si bien el elogio existe para valorar el comportamiento positivo como tal, lo contrario también debe ser parte de una educación sana. Por esta razón, los comportamientos negativos de los niños también deben reflejarse y abordarse para atenuarlos o minimizarlos. Además, conviene recordar siempre que los niños sacan conclusiones de todas las experiencias, tanto positivas como negativas, y que aprenden de ellas: cuando se elogia a un niño por una buena acción, sabe que ha hecho algo bien; por el contrario, si es reprendido por su mal comportamiento, aprende de esta manera que ha actuado mal. El factor decisivo, sin embargo, es la forma en la que se refleja la conducta negativa, aunque es evidente que los niños necesitan primero reglas para ello, que sirven para que aprendan a lidiar con las emociones negativas. Si no se establecen las normas, la vida posterior en medio de la sociedad podrá verse afectada negativamente. Para hacer cumplir las reglas y usarlas de tal manera que los niños puedan aprender de ellas, los padres no solo deben ser capaces de elogiar o recompensar las acciones positivas. La crítica también pertenece al proceso del crecimiento y es esencial para entender las reglas y el **cumplimiento** social.

La forma en la que las críticas afectan el autoconcepto de los niños depende totalmente de los padres y, de hecho, hay una multitud de oraciones que se suelen pronunciar de manera irreflexiva y generalizada, como en el caso de los elogios. Entre ellas se incluyen las siguientes, con las que todos deberíamos estar familiarizados:

× «No vuelvas a ser tan tonto».

× «¿Por qué no puedes hacerlo? No es tan difícil».

× «¿Alguna vez conseguirás hacer las cosas como es debido?»

× «Guarda la compostura».

Probablemente, todo el mundo habrá escuchado frases de este tipo sin pensar en su repercusión en los niños y, en este sentido, vale la pena analizar el significado de cualquier mensaje. Puede que las formulaciones anteriores sean los mejores ejemplos de cómo se puede herir a los niños inconscientemente y quizás hasta sin querer. Como adultos, esa clase de oraciones no nos importan si nos las lanzan y no deben considerarse ofensivas ni agresivas, pero los niños las perciben de una manera muy distinta. Para ellos, son mensajes muy hirientes y, por lo tanto, están tan marcados como los elogios positivos. Si un niño escuche demasiadas declaraciones de este tipo, existe un riesgo elevado de que los efectos en la autoestima sigan siendo visibles y perceptibles en la edad adulta. Al igual que la **falta de amor** ya mencionada en caso de mala conducta o fracaso, es fundamental evitar las comparaciones continuas o incluso permanentes con otros niños, ya que no contribuyen en modo alguno a aumentar la autoestima de tu hijo.

Volvamos ahora a la cuestión de por qué las oraciones de los ejemplos son contraproducentes y, por tanto, inapropiadas para la educación de los hijos. El hecho de que los niños se comporten de forma indebida es simplemente parte del proceso normal de desarrollo, pues solo podemos aprender a través de nuestras experiencias, sean positivas o negativas. Ahora bien, la manera en que se evalúan las acciones correspondientes es crucial. Si utilizamos las oraciones anteriores, no reflejamos la acción real del niño, sino que, más bien, la desvalorizamos como un todo, sin hacer ninguna referencia específica al error o al fracaso. Básicamente, solo nos limitamos a transmitir un sentimiento de esta manera: «Eres malo e hiciste algo mal o no lo lograste». Si ahora reflexionas sobre esta afirmación, sin duda podrás imaginarte cómo se debe sentir tu hijo en una situación comparable. En general, se sentirá despreciado como persona, aunque simplemente no haya podido resolver un problema aritmético. En lugar de estas formulaciones negativas generales, las críticas menos favorables también deben distinguirse y adaptarse con precisión a la acción. Al hacerlo, es posible fortalecer la autoestima y la motivación del niño, aunque al mismo tiempo señalemos su error. Por este motivo, debemos iniciar la crítica negativa con un aspecto positivo y, por ejemplo, decirle a nuestro hijo lo que ha hecho justo antes de dicho error y felicitarlo por ello. A continuación, le indicaremos su error, a la vez que le presentamos una solución o sugerencia de mejora. Con este enfoque, se matarán dos pájaros de un tiro: por un lado, nuestro hijo recordará que no todo estuvo mal y, al menos, recibió elogios por el camino; por otro lado, la sugerencia de mejora garantiza que se cree una nueva motivación para volver a emprender la tarea. En definitiva, podemos decir que siempre es más recomendable utilizar el refuerzo positivo para influir en el niño que culparlo o incluso castigarlo por el error que haya cometido. Cuando te acercas a tu hijo e interactúas con él de esta manera, le transmites un mensaje determinante: «Cometer errores no es grave. El hecho de haber cometido un error no significa que seas incapaz. Asume la tarea y enfréntate a ella de nuevo».

9.2 Utiliza principios éticos y morales como guía

La creciente comprensión de valores fundamentales como la **moral** y la **ética** es una parte integrante del desarrollo de cada niño, aunque solo se pueden aprender si se enseñan. En la última etapa de nuestra vida, los seres humanos somos bastante capaces de trabajar en nuestros valores e ideas y esta capacidad se basa en el pensamiento reflejado del que todavía no disponen los niños y los jóvenes o con el que solo cuentan en parte. Por lo tanto, transmitir valores es en gran parte responsabilidad de los padres. Las normas y los valores son fundamentales a la hora de establecer puntos de orientación con respecto al propio comportamiento socialmente aceptable. El hecho de que sean necesarios se debe a que a lo largo de la vida hay momento en los que, en cierto modo, nos perdemos y precisamos de estos valores para recuperarnos de nuevo. En este sentido, pueden verse como una especie de ancla. Además, las reglas y las normas contribuyen de manera significativa a la hora de aprender a desarrollar la conciencia a una edad temprana, y quienes pueden actuar con conciencia y orientarse hacia dichas normas y valores también suelen tener un autoconcepto positivo y bien desarrollado. Como padres, nuestro cometido es transmitir estos valores y así participar activamente en este desarrollo.
Por otro lado, las concepciones de los valores y de las normas varían con frecuencia y esto se debe al hecho de que cada persona es educada de

manera diferente y, en consecuencia, aprende diferentes reglas. Los valores sociales relevantes, como ayudar a los demás a formarse sus propias opiniones y ser capaces de apoyarlos o ser abiertos y honestos, son tan importantes como el saber que los amigos y la diversión son factores imprescindibles para el propio bienestar y la felicidad. Si estos valores no se enseñan en el momento oportuno, cada vez será más difícil entenderlos y mantenerlos a medida que se envejece. Por cierto, los valores que acabamos de enumerar no son secuencias arbitrarias, sino el resultado de una encuesta realizada en 2012, en la que los participantes eran niños con edades comprendidas entre los 9 y 14 años. Por lo tanto, la encuesta no solo indica los valores que ya se consideran importantes en la infancia, sino también el deseo fundamental de aprender sobre ellos y de actuar en consecuencia. Asimismo, el hecho de que estos valores se consideren tan transcendentales debería ser comprensible para muchos adultos, pues describen con bastante precisión las ideas que tenemos de una vida bella y armoniosa en nuestro entorno social. Y es precisamente en este punto donde se hace evidente el efecto positivo que tiene la enseñanza de valores en nuestros hijos: cuanto más se familiaricen con ellos, más contribuirán a fortalecer el autoconcepto porque estarán conformes. Sin embargo, la condición es que se transmitan lo suficiente, pues de lo contrario les dificultará el desarrollo en el entorno social.

En su libro *Moral ist lehrbar* (La moralidad se puede enseñar), el autor Georg Lind describe con mucha precisión por qué los conceptos morales y los valores tienen tanta relevancia en nuestra vida social. Aunque no todo se puede regular con la ayuda de convenciones y pautas porque hay situaciones en las que no podemos actuar ni bien ni mal, si seguimos los principios de la moralidad y la ética, nos servirán de guía en determinadas situaciones para poder encontrar un término medio saludable.

«Si solo tuviéramos que elegir entre el bien y el mal, la vida sería fácil y la mayoría de las personas, o quizás incluso todas, siempre se comportarían moralmente bien. En libros y películas moralizadores, el mundo está claramente dividido entre personas buenas y malas y hay una decisión que es correcta. Por lo tanto, muchos teóricos moralistas quieren que creamos que la vida es igual de simple y consideran que cualquiera que infringe una regla moral es una persona sin principios, moralmente malo o falta de valores. Quieren educar nuestro carácter, luchar contra el mal que hay en nosotros o transmitirnos valores. Lo que estos teóricos (incluidos destacados filósofos y psicólogos) no ven es el simple hecho de que, en la vida real, solemos enfrentarnos a decisiones en las que no hay claramente una solución correcta o incorrecta como en las películas».[32]

Cuando nuestros hijos son pequeños, podemos contribuir en gran medida al desarrollo de estos valores, aunque muchos no son conscientes de este hecho porque prácticamente se ignora una buena cantidad de las acciones de los niños. En este sentido, acciones como el siguiente ejemplo proporcionan la base perfecta para transmitir valores y normas. Casi todos los adultos están familiarizados o han visto una situación en la que un niño pequeño empieza a golpearse sin razón, y el principal motivo es que los pequeños ni siquiera saben que golpearse puede tener consecuencias y que a veces pueden herir o incluso causar dolor a otras personas. No obstante, muchos adultos dejan que el niño lo haga porque su mano aún no puede causarnos dolor. Ahora bien, en lugar de dejar que la situación suceda, los padres deben expresar su dolor, aunque realmente no sientan nada, pues, de esta forma, los niños aprenderán desde temprano que los golpes hacen daño a la otra persona. Además, la honestidad también es una habilidad que se puede entrenar y aprender. Como padres, siempre

---

[32] Lind, Georg (2019): *Moral ist lehrbar – Wie man moralisch-demokratische Kompetenz fördern und damit Gewalt, Betrug und Macht mindern kann* (La moralidad se puede enseñar: cómo fomentar la competencia moral-democrática y así reducir la violencia, el engaño y el poder) 4ª edición, Logos Verlag, Berlín, p. 28

debemos apreciar la sinceridad de nuestros hijos, aunque a veces no nos guste. En ningún caso se debería castigar a los niños por admitir haber obrado mal por honestidad.

Algunos valores, simplemente, no pueden ejemplificarse, de ahí que nuestro deber también sea educar a nuestros hijos sobre ciertos valores y mostrarles los beneficios que tienen y por qué son tan importantes, y esto incluye la amistad. En este sentido, puedes fomentarla animando a tu hijo a jugar con otros niños. Al mismo tiempo, se puede aprender cómo se aplican otros valores en la práctica. Si se produce una pelea, por ejemplo, o una discusión fuerte, debes aprovechar esta situación para mostrarle a tu hijo la conducta inadecuada. A la larga, los niños se benefician siempre de jugar con sus compañeros y, de esta forma, aprenden de manera lúdica que los demás tienen caracteres, habilidades y puntos de vista diferentes. Esto da como resultado una tolerancia cada vez mayor hacia la diversidad que cada uno de nosotros lleva dentro. El intercambio y la interacción social en general también se entrenan de este modo a una edad temprana. Asimismo, otro efecto positivo de jugar con otros niños es la independencia de sus padres. Si los niños solo se socializan con la familia dentro de cuatro paredes, es muy difícil que encuentren a otras personas de referencia que son de enorme importancia, pues tarde o temprano deberían ser capaces de cortar el cordón umbilical de sus padres. Además, este aspecto es una base relevante para los valores de la amistad y la confianza.

La honestidad también es una parte importante de la comunicación abierta que siempre debe cultivarse en el hogar de los padres y, sobre todo, la crítica, ya sea positiva o negativa, debe expresarse abiertamente. No obstante, tienes que asegurarte de que esto no solo se aplique a los pequeños, sino que también deberías mantener una relación abierta y honesta contigo mismo. Recuerda siempre que, para muchos niños, los padres ejercen una especie de función de modelo a seguir a lo largo de sus vidas. Si han aprendido de ti que la franqueza o la honestidad conducen a problemas y conflictos, puede que asuman de vez en cuando cualquier patrón de comportamiento. Por lo tanto, tienes que estar siempre dispuesto a escuchar abiertamente las críticas de tu hijo, a aceptarlas y a gestionarlas para desarrollar una relación sincera, en la que el niño no se vea a sí mismo como inferior. De lo contrario, el autoconcepto del pequeño se verá afectado negativamente debido a nuestra obstinada educación, por lo que aquí también es importante actuar como modelo a seguir. Con frecuencia, escuchamos declaraciones de que no se debe contradecir a las personas mayores, por ejemplo, pero independientemente de la edad de nuestro interlocutor, una conversación abierta y de confianza solo puede tener lugar si ambos tienen los mismos derechos. Por lo tanto, deja siempre que tu hijo termine de hablar y nunca finalices una conversación con amenazas, pues no hay una sola opinión. Se trata más bien de enseñarle al niño que todas las partes de una sociedad tienen los mismos derechos y obligaciones.

Fomentar las habilidades sociales y los valores morales al mismo tiempo

Los padres no siempre tienen que tener una influencia directa en el desarrollo de sus hijos, puesto que, al fin y al cabo, tampoco pueden estar en todo momento con ellos posteriormente. Cuando mayor sea un niño, más deberá ser capaz de valerse por sí mismo. Por tanto, en cierto sentido, también se puede renunciar a la educación. De esta forma, el niño puede llegar a conocer de forma independiente nuevos valores y compartir y fomentar valores ya conocidos con otros niños o con sus semejantes. Una posibilidad para ello es el **trabajo en grupo** y, de hecho, inscribir a los niños en deportes es una buena idea. Además, la actividad física contribuye a mejorar las habilidades motoras desde una edad temprana y la vida en sociedad es una excelente opción para fortalecer las **habilidades sociales** y permitir **aplicar** los **valores y conceptos morales**. Dentro de una asociación o de un club, los niños aprenden desde el principio que se valora la confianza. Los deportes de equipo también pueden contribuir a fomentar y aprender valores como la **justicia** y el **comportamiento general en grupos**. Asimismo, una forma particularmente eficaz de promover las amistades es también el éxito en común. Si los pertenecen a un club, tarde o temprano podrán celebrar los éxitos con sus compañeros de equipo. Por lo tanto, tanto los padres como los educadores de preescolar deben prestar atención desde el principio para ofrecer estas oportunidades. Además del éxito mutuo, este camino también demuestra que hay tareas que únicamente se pueden superar en grupo y no solo.

Para no poner en peligro ningún progreso, los propios padres deben adherirse a ciertas reglas y es muy recomendable llevar primero al niño a un club a modo de prueba. Al final, es el niño, y no los padres, quien debe decidir qué actividades realizar. Por lo tanto, la elección de los amigos debe dejarse en manos de los niños, ya que es de suma importancia que vivan sus primeras propias experiencias. Los niños con un concepto de valores entrenado y practicado se distanciarán de los que claramente se desvíen de sus valores y, por ejemplo, parezcan maleducados o revoltosos.

Por otro lado, también debes tener en cuenta que no a todos los niños se les da bien el deporte. Como resultado, tampoco vale la pena intentar obligarlos a hacer algo que no les interesa. Hay una multitud de actividades que, además del deporte, son ideales para fomentar las habilidades sociales e incluso la creatividad, como es el caso de las escuelas de música, donde los niños aprenden principalmente a tocar uno o más instrumentos. Dado que aquí se requieren muchas habilidades motrices finas, se forman y promueven diferentes capacidades motoras. Además, hacer música en grupo es muy divertido. Las actuaciones conjuntas, así como los aplausos de los padres o de otros espectadores, fortalecen no solo la estructura del grupo, sino también la confianza de todos los niños en sí mismos. Ahora bien, a veces se necesita algo de tiempo para encontrar la actividad de ocio adecuada para los pequeños y, en cualquier caso, debes tomarte ese período porque así le brindarás mucho apoyo a tu hijo en su desarrollo social. Además, de esta forma se llegan a conocer los valores éticos y morales sin que los mismos padres tengan que influir en ellos. En definitiva, no hay mejor manera de aprender a ser independiente y de establecer vínculos sociales.

10.

ANOMALÍAS Y RETRASOS EN EL DESARROLLO EN LA INFANCIA Y LA ADOLESCENCIA

Ni siquiera con un buen apoyo, los padres pueden influir siempre en el desarrollo de sus hijos. Existe una gran variedad de factores que pueden ocasionar que este se desvíe de la norma general o que incluso produzca retrasos en algunas áreas. Ahora bien, identificar cualquier cambio no suele ser difícil porque siempre se manifiesta en el comportamiento del niño. Lo verdaderamente complicado es llegar a la raíz del problema, ya que las causas y los síntomas rara vez van de la mano y no se pueden deducir con claridad. Por lo tanto, es muy importante prestar siempre atención al desarrollo y actuar si se sospecha que hay problemas subyacentes mayores o de gran alcance.

Una de las enfermedades que con más frecuencia se subestima en los niños y los adolescentes es la **depresión**, pues incluso los adultos asumen que este cuadro clínico solo puede afectar a las personas mayores. Sin embargo, este concepto erróneo puede tener consecuencias fatales para el niño. Un estudio realizado en 2017 reveló cifras alarmantes en el que se indica que la frecuencia de niños que sufren depresión entre los 10 y los 18 años ha aumentado dramáticamente en tan solo unos pocos años. Según el estudio, la enfermedad afecta a casi el tres por ciento de los niños de este rango de edad, aunque la padecen el doble de chicas que de chicos coetáneos. Las causas que conducen a una depresión tan temprana son múltiples y, en la mayoría de los casos, se deben al entorno escolar, siendo la razón más común la **presión por el rendimiento** que muchos niños experimentan por parte de sus padres. No obstante, el **acoso** dentro y fuera del colegio también ocupa un lugar muy destacado en la jerarquía de las causas. Además de la depresión, existen otros factores que pueden conllevar una desviación en el desarrollo y que estudiaremos en la siguiente sección.

10. 1 Depresión en niños y adolescentes

Como ya hemos mencionado, la enfermedad psicológica afecta a niños y adolescentes con mucha más frecuencia de lo que muchos creen. Por esta razón, es particularmente importante entrenar nuestra atención y saber con precisión cómo actuar en cada situación. Esta es la única manera de identificar los posibles síntomas y de introducir medidas de ayuda constructivas.

«La depresión en niños y adolescentes se considera ahora un problema de salud grave, que en muchos casos se asocia a deterioros severos y riesgos en cuanto el desarrollo. Numerosos estudios epidemiológicos y clínicos demuestran que está bastante extendida, especialmente en la adolescencia, y subrayan la importancia de la adopción de medidas tempranas para la prevención, así como psicoterapia».[33]

En los niños y los adolescentes, la depresión suele ser muy diversa y el miedo al fracaso escolar puede ser tanto una razón para su origen, como el aislamiento social o el acoso. El principal problema es que muchas enfermedades ni siquiera se diagnostican y los adolescentes suelen quedarse solos con este síndrome concreto. Según las estimaciones actuales, el 80 % de la depresión en niños y adolescentes no se detecta hoy en día.

---

[33] Groen, Gunter; Petermann, Franz (2011): *Depressive Kinder und* Jugendliche (Niños y adolescentes deprimidos) 2ª edición, Hogrefe Verlag, Göttingen, p. 13

¿Cómo se manifiesta la depresión?

Para poder reconocer la depresión o sus primeros síntomas de la misma, es necesaria una mirada razonablemente entrenada y, sobre todo, atenta. Solo si la agudizas, podrás identificar cualquier problema de tus hijos. En la mayoría de los casos, un estado de ánimo triste y la **apatía** son los primeros signos de una enfermedad depresiva. La apatía, en concreto, es un tipo de indiferencia que se manifiesta principalmente en el hecho de que los niños muestran impasibilidad hacia su entorno e incluso hacia sus padres. Pero también hay reacciones contrarias que pueden estar causadas por un estado depresivo: agresiones repentinas, aumento de la hiperactividad o agitación también son síntomas, cuyas causas deben investigarse, pues a menudo se diagnostican erróneamente. Dado que el riesgo de la enfermedad en niños y adolescentes suele subestimarse, los cambios notables en la conducta se asocian con frecuencia a otros **trastornos**, lo que conlleva el peligro de que se pasen por alto los **síntomas depresivos** reales. Además, el **estado emocional** de los niños y los adolescentes suele ser decisivo para el hecho de que no se diagnostique una depresión existente. La razón principal es que a los niños más pequeños en particular todavía les resulta difícil transmitir su mundo emocional al exterior y hacerlo visible a los adultos. En este punto, conviene volver a señalar explícitamente que esta es una razón determinante de la importancia de fomentar pronto las habilidades sociales, que tienen una trascendencia fundamental en la vida posterior de los niños. Ahora bien, incluso al diagnosticar una posible depresión, es muy importante que los padres vigilen a sus hijos y, precisamente porque la comunicación es tan difícil, los psicólogos suelen depender de los comentarios de los padres para determinar una enfermedad e iniciar el mejor tratamiento. Asimismo, es fundamental determinar si existen posibles procesos de duelo o de afrontamiento que sean responsables del estado emocional infantil. Si los adultos no abordan esas situaciones ni están pendientes de los niños, los especialistas suelen tener dificultades para llegar al diagnóstico correcto, algo que también puede atribuirse en parte al hecho de que la depresión se ha considerado durante mucho tiempo como una dolencia típica de los adultos, y no de los niños. Hasta hace aproximadamente 40 años, se creía que era casi imposible que los niños pudieran padecer esta enfermedad. Hoy en día, sin embargo, es evidente que los pequeños pueden sufrir con la misma intensidad y en todas sus formas esta severa forma de estrés psicológico. No obstante, conviene saber que solo en muy pocos casos se trata de una mera depresión, pues, por lo general, implica más un efecto secundario de otras enfermedades como los trastornos de ansiedad, la adicción a las drogas o el alcohol y los trastornos alimentarios. Por lo tanto, los padres nunca deben subestimar cualquier alteración y, en su lugar, deben comunicárselo directamente al médico responsable para que pueda realizar un diagnóstico correcto. Si, por el contrario, este es incorrecto, puede implicar consecuencias graves porque el tratamiento se basará en un concepto diferente y, por lo tanto, difícilmente podrá tener efecto. De hecho, el tratamiento o la medicación inadecuados pueden tener incluso el efecto contrario y empeorar la depresión.

«Quizás lo más importante es la comprensión: un niño deprimido no es vago, no está enfadado ni es insoportable porque solo quiera estar así. Un niño deprimido está enfermo y necesita tratamiento y tampoco es motivo para dudar de las capacidades de sus padres. Pero es una razón para ir a un médico o a un psicoterapeuta. Los niños deprimidos se retrasan en su desarrollo y, generalmente, la depresión no se cura por sí sola. Cualquiera que padezca depresión en la infancia o la adolescencia presenta un alto riesgo de volver a padecerla en la edad adulta. Básicamente, cuanto antes comience el tratamiento, mejor será. La persona de contacto de los padres suele ser el pediatra o el médico de cabecera, quien conoce al niño y a la familia y, además, a otros especialistas que pueden ayudar: psicoterapeutas y médicos especializados en el tratamiento de niños y adolescentes con enfermedades mentales. Asimismo, se puede obtener asesoramiento en centros de orientación para padres y familias administrados por ciudades, municipios, iglesias u organizaciones benéficas, y suele ser gratuita. También puedes preguntarle al profesor de la clase o al servicio psicológico escolar, sobre todo para aclarar si también están preocupados por el comportamiento de tu hijo».[34]

Como las niñas se ven afectadas con mayor frecuencia por la depresión en la infancia y la adolescencia, es necesario un cuidado especial con ellas. Por lo tanto, debes saber que dicha enfermedad, incluidas las posibles señales de advertencia, ocurre predominantemente durante la segunda etapa. La adolescencia describe el período comprendido entre la infancia tardía, que se extiende desde la pubertad hasta la edad adulta, tiempo durante el que son particularmente vulnerables. En comparación con los años anteriores, el riesgo de enfermarse es casi cuatro veces mayor y la edad media de las niñas que sufren depresión es de 14 años. Si ocurre, se suelen observar los mismos síntomas o al menos similares. Las niñas se retraen y las relaciones con los padres y con los amigos empeoran de manera notable. En algunos casos, el rendimiento escolar también disminuye drásticamente. Todas estas son señales de advertencia que deberías comprender como tales y no ignorarlas. Cualquier padre que crea esta fase conlleva un comportamiento puramente pubescente también tenderá a enfrentarse más con sus hijos. En cambio, la ayuda psicológica rápida sería la única forma adecuada de salir de la situación. Por otro lado, otros síntomas a los que puedes prestar atención se pueden encontrar en las actividades cotidianas. Si la depresión ocurre a esta edad temprana, no es raro que vaya acompañada de insomnio y una conducta alimentaria notablemente modificada. El principal problema del sueño es que los niños y las niñas tienen enormes dificultades para quedarse dormidos. Por otro lado, el comportamiento alimentario casi siempre cambia, ya que se consume una cantidad significativamente menor de alimentos y, en general, hay

---

[34] *Psychotherapeuten Kammer NRW: Depressive Kinder und Jugendliche* (Cámara de Psicoterapeutas de Renania del Norte-Westfalia: niños y adolescentes deprimidos), p. 3

poco apetito. En casos excepcionales, sin embargo, puede ocurrir lo contrario y que la ingesta de alimentos aumente de manera repentina y rápida. El resultado suele suponer cambios notables en términos de peso corporal, un aspecto difícil de interpretar para muchos padres. Los cambios y desarrollos físicos son muy pronunciados durante la pubertad: algunos adolescentes crecen más de diez centímetros en ese período, lo que a menudo explica el aumento de peso y, como resultado, no es fácil distinguir entre el aumento de peso natural y el aumento de peso debido a una depresión seria.

Como ya habrás observado, muchos síntomas suelen estar ocultos y son difíciles de identificar, aunque existen otras señales a las que puedes prestar atención en el caso de una posible enfermedad depresiva de tu hijo. En muchos casos, el **cambio más destacado** en la conducta de los niños deprimidos se encuentra en el ámbito de la **ralentización psicomotora**. Esto significa que tanto los movimientos físicos como el habla se ralentizan notablemente y los niños afectados parecen muy lentos. En algunos casos, los movimientos y el habla no solo pueden parecer lentos, sino también cautelosos. Cualquier cambio en el comportamiento casi siempre está asociado con problemas psicológicos graves, por lo que nunca debes ignorarse ni pasarse por alto. Además, los cambios repentinos de humor suelen ser un indicador importante. Los niños deprimidos tienden a parecer irritados con frecuencia y, en muchas situaciones, reaccionan rabiosos sin motivo. En algunos casos, incluso se ha descubierto que los niños afectados son propensos a **agitarse** de forma inesperada. Esto significa que emplean la agresión y la violencia para influir en otras personas, casi siempre otros niños, y obligarlos a actuar. Además de las posibles anomalías ya mencionadas, en muchos casos también se producen cambios significativos en cuanto a la manera de vestir. Incluso los niños que antes ponían un gran énfasis en una apariencia bien arreglada y llevaban ropa chic y de moda cambian repentinamente su estilo de ropa, que por lo general pasa a ser muy desaliñada y hasta desaseada. Esto surge del hecho de que los niños afectados de repente se sienten inútiles en esta situación y tienen la sensación de que ya no tienen que hacer nada para complacer a quienes los rodean. Al fin y al cabo, desde hace tiempo tienen la impresión de que su entorno ya no se preocupa por ellos o han decidido reducir o incluso romper el contacto con otras personas. Por esa razón, tampoco debe pasar desapercibido un cambio de este tipo. Paralelamente al estilo de ropa descuidado, en muchos casos también se produce una falta repentina de higiene personal. Por lo tanto, la apariencia parecerá generalmente mucho más descuidada que antes de la enfermedad. Es importante percibir estos indicadores meramente visuales y consultar al médico de cabecera o al pediatra lo antes posible en caso de sospecha. Además, mediante la observación de la mente y la conducta comunicada externamente, se suelen ver signos claros si se interpretan de forma correcta. Los niños que sufren depresión pueden mostrarse apáticos y no se les puede animar a realizar ninguna actividad. En muchos casos, cualquier síntoma va acompañado de otros cambios visibles. Igualmente, los niños afectados muestran una fatiga regular que se remonta a los problemas ya mencionados para conciliar el sueño y, en la mayoría de los casos, también existe un alto grado de duelo después de eventos concisos y negativos. A veces, estos sentimientos pueden convertirse en pensamientos que giran en torno al tema de la muerte. En el caso de una depresión particularmente grave, los niños afrontan cada vez más el tema de la muerte y del suicidio. Si se notan estos indicios, es imprescindible la acción inmediata y acercarse al niño con prudencia para que se ponga en manos de médicos profesionales lo antes posible.

Las causas de la depresión en los niños siguen generando controversias entre los expertos. Dado que se consideraban inexistentes hasta hace algunas décadas, el campo de investigación es aún relativamente nuevo. En la actualidad, se considera que existen varios factores detrás de los correspondientes cuadros clínicos en niños y adolescentes y, para ello, se han creado diferentes modelos biológicos muy complejos. Hoy en día, los investigadores creen que las conexiones principalmente genéticas y bioquímicas juegan un papel y que están provocadas por los cambios hormonales durante la **pubertad**. En este sentido, las enfermedades depresivas anteriores dentro de la familia también desempeñan una función. Cuantas más enfermedades anteriores haya, mayor será la probabilidad de que los niños también la padezcan. Por esta razón, deberías abordar esta circunstancia: cuanto más evalúes por ti mismo la probabilidad de enfermedades anteriores en tu familia, más importante será vigilar de cerca a tus hijos durante la pubertad.

Además de las causas biológicas, los grupos de investigación también han puesto en marcha otros modelos según los cuales la depresión puede aumentar en niños y adolescentes, y se trata principalmente de modelos psicoanalíticos y psicodinámicos. En concreto, pudieron demostrar que la probabilidad de desarrollar depresión se incrementa de manera significativa cuando se perciben o se desencadenan reacciones a relaciones fallidas durante la pubertad. El mal de amores o el dolor por una separación son perfectamente normales a cualquier edad, pero en la adolescencia suele ser más difícil abordar este tipo de situaciones. Por ello, la separación de la pareja puede provocar depresión en los hijos en determinadas circunstancias. No obstante, se aplica lo mismo a otras influencias a las que están expuestos los niños y jóvenes de esta edad, teniendo en cuenta que el entorno del hogar juega un papel decisivo. Si este se caracteriza por la violencia, peleas frecuentes o situaciones que no se pueden controlar, como muertes de familiares, a veces puede ser un desencadenante. Por lo tanto, para proteger a tu descendencia, siempre debes ser prudente a la hora de abordar cualquier conflicto y, en la medida de lo posible, no hacerlo delante del niño.

Hasta ahora, hemos hablado de una variedad de posibles factores y causas de enfermedades mentales graves como la depresión. El riesgo de **cronificación** en niños y adolescentes demuestra lo importante que es darse cuenta de patrones y características que son particularmente propensos a que la enfermedad gane ventaja y se manifieste. En muchos adultos, los pensamientos depresivos desaparecen en poco tiempo, pero en los niños se corre un gran riesgo de que la afección perdure y empeore cada cierto tiempo. Y es aquí exactamente donde reside el gran peligro: cuanto más tiempo se tarde en detectar y tratar una depresión, mayor será el riesgo de consecuencias graves a largo plazo. Según las estadísticas, el suicidio es la segunda causa principal de muerte en niños y adolescentes y, en muchos casos, ocurre después de una depresión continuada pero no diagnosticada. Aunque la depresión no tiene por qué conducir necesariamente a pensamientos suicidas ni al suicidio en sí, en cualquier caso debe evitarse que se vuelva crónica. Si la depresión en los niños y adolescentes no se diagnostica y, por tanto, tampoco se trata, esto puede tener efectos hasta la edad adulta. En algunos casos, los problemas y las dificultades psicosociales graves, así como los posibles trastornos mentales adicionales, suelen aparecer mucho después de la edad adulta. Los siguientes números ilustran la importancia de la atención médica: aunque existen innumerables formas de tratar la enfermedad, según las estimaciones actuales, la depresión existente ni siquiera se reconoce entre el 70 y el 80 por ciento de los niños y los adolescentes afectados.

Tratamiento de la depresión en niños y adolescentes

Para poder garantizar un tratamiento óptimo de la depresión en niños y adolescentes, generalmente se prueban diferentes enfoques que también se suelen combinar. Si la depresión es de leve a moderada, en muchos casos es suficiente tratarla con un enfoque psicosocial y socioeducativo y la psicoterapia. Si el caso es más grave, normalmente es necesario el tratamiento farmacológico adicional. La elección de las medidas adecuadas es primordial para el tratamiento adecuado y depende principalmente del nivel de desarrollo cognitivo y emocional del paciente. Si los niños afectados aún son muy pequeños, la terapia de juegos suele ser una opción, a la vez que se les enseña tanto a ellos como a sus padres cómo afrontar la enfermedad. Los niños mayores, en cambio, responden más a los métodos psicodinámicos y las terapias familiares. Además, según la gravedad de la depresión, se recomienda la terapia cognitivo-conductual y se trata, sobre todo, de fortalecer la autoestima y la reestructuración interna. Los pacientes con esta dolencia suelen caracterizarse por la agresión, que también se puede controlar mediante cualquier tratamiento. Debido a la amplia variedad de opciones de tratamiento, es recomendable tener una segunda opinión, si es necesario, antes de apresurarse en cuanto a la decisión del tratamiento.

¿Se puede prevenir la depresión en niños y adolescentes?

Hasta la fecha, los científicos aún no han podido aclarar si es posible prevenir las enfermedades depresivas en niños y adolescentes, pero hay algunos programas que tratan precisamente esta cuestión y que han establecido una serie de experimentos. Entre los programas se incluye el del grupo de investigación de la Universidad de Basilea que, en la actualidad, analiza si la información temprana y completa sobre el tema de las enfermedades mentales puede reducir el riesgo de que los niños y jóvenes se enfermen. La prueba se basa en la suposición de que un conocimiento amplio de los procesos psicológicos tiene una influencia protectora. Para llevar a cabo el estudio, numerosos estudiantes de Alemania y Suiza de entre 14 y 15 años de edad se familiarizaron inicialmente de manera intensiva con los procesos de desarrollo de cualquier enfermedad y sus consecuencias. Así, al mismo tiempo, se les enseñó estrategias de evitación y cómo deberían comportarse idealmente en caso de depresión. Seis meses después, se evaluó de nuevo a los alumnos y se cuestionó el conocimiento que habían aprendido. Aquí se debe señalar que salieron a la luz aspectos asombrosos, aunque esta fase también se puede catalogar como muy arriesgada. Si bien muchos de los estudiantes de bachillerato que participaron en los experimentos aún podían recordar a una gran parte de los conocimientos, este ya no era el caso de los estudiantes de secundaria de la misma edad. En consecuencia, primero se puede concluir que el manejo de la depresión en los niños más inteligentes es mejor, mientras que los menos inteligentes tienen más dificultades. Sin embargo, esto no significa que los estudiantes de bachillerato sean menos susceptibles a la enfermedad. Sin embargo, al final, los investigadores llegaron a la conclusión de que necesitaban realizar más experimentos para lograr un resultado evidente sobre si se puede proteger a los niños de la depresión y cómo hacerlo. Ahora bien, coinciden en un aspecto: el número de niños y adolescentes afectados por la depresión no solo ha aumentado significativamente en los últimos años, sino que seguirá incrementándose en el futuro, si no se adoptan medidas preventivas.

¿Qué conclusiones puedes extraer por ti mismo?

La depresión es una de las enfermedades mentales más graves y, sobre todo, la más extendida. Cuando se asume erróneamente que los niños y adolescentes no pueden sufrirla, ocurre exactamente lo contrario: la depresión infantil se suele pasar por alto u obviar con un diagnóstico incorrecto. Pero nosotros mismos podemos hacer mucho para minimizar el riesgo de la enfermedad en nuestros propios hijos, aunque nunca se puede descartar por completo. Una **relación** sana **entre padres e hijos** es sin duda la base de un riesgo bajo. Cuanto más intensidad y confianza haya en la relación entre padres e hijos, más fácil les será abordar los problemas mentales y psicológicos. Ahora bien, si la relación es mala, los hijos se aislarán del mundo exterior con sus problemas. Por esta razón, debes ser indulgente, especialmente durante la pubertad, aunque los niños se suelan portar mal. El equilibrio hormonal tan cambiante conduce inevitablemente a un cambio en el carácter que, de alguna manera, solo ha de aceptarse. Además, una relación de confianza es la base para garantizar que los niños afectados no se aparten de los médicos, lo que vuelve a ser un factor importante en el tratamiento de la depresión.

Aunque el comportamiento de los niños pueda parecer rebelde en muchas ocasiones, y, a veces, agresivo, de vez en cuando deberías preguntarles cómo están. No dudes en preguntarles cómo se encuentran si se suelen sentir tristes o infelices e investiga las causas. Si las respuestas suelen ser afirmativas, es recomendable consultar a un especialista. No obstante, en este tipo de conversaciones, conviene que no agobies al niño para que responda de inmediato, pues se trata principalmente de ofrecerle un espacio regular para que pueda confiar en ti y abrirse. Además, la mayor parte del discurso debería recaer en el niño y solo salir de los padres hasta cierto punto, pues la idea es escuchar sus problemas y no echarles un sermón. Asimismo, también debes evitar las afirmaciones generales: «Todo volverá a estar bien» o «Cálmate ahora mismo» no resultan nada útiles y, con frecuencia, solo generan más presión. Por otro lado, tienes que tener en cuenta el hecho de que los niños afectados no pueden evitar encontrarse en esa situación y, por lo tanto, no saben cómo afrontarla por sí solos. Sé paciente y ofrécete regularmente como compañero de conversación con escucha activa. Una relación sana entre el niño y los padres es esencial y debe crearse sin ninguna presión.

10.2 Alteraciones del desarrollo psicomotor en niños y adolescentes debido a factores psicológicos

El desarrollo de las propias **habilidades motoras** en combinación con la propia percepción es la base del mayor rendimiento humano, que generalmente solo se logra después de muchos años y con las experiencias que hemos adquirido, por lo que desempeña un papel crucial en el desarrollo general de un niño. Si hay perturbaciones durante el proceso de desarrollo, el **desarrollo motor** también puede sufrir enormemente. Si se alteran las habilidades motoras, esto implica un deterioro significativo del niño al mismo tiempo y, como resultado, tanto la libertad de movimientos como el margen de acción resultan dañados. Ahora bien, así se inicia toda una serie de procesos y pueden surgir problemas adicionales derivados de estas limitaciones. Por ejemplo, las habilidades motoras reducidas pueden conducir a una disminución en la **autoestima** y en otras áreas de la personalidad individual. Por esta razón, es importante estar siempre atento al desarrollo de la motricidad con el objetivo de poder intervenir pronto ante una emergencia. Si se observan alteraciones, se deben tomar medidas lo antes posible para reducir al mínimo las consecuencias a largo plazo.

¿Por qué son tan importantes las habilidades motoras?

Incluso los movimientos simples de nuestra vida diaria, como caminar, moverse o sujetar algo, son actividades musculares muy complejas. En segundo plano, están controlados por una gran cantidad de **procesos neuronales** igualmente complejos y, de hecho, ni siquiera somos conscientes de las enormes habilidades que tenemos los seres humanos. Para nosotros, simplemente muchas cosas nos parecen normales porque no las conocemos de otra manera, pero la postura erguida por sí sola, que solo nosotros podemos realizar, es un milagro de la naturaleza y muestra los procesos complejos que son necesarios para poder garantizarla. Para que se produzca una postura de este tipo o incluso para poder caminar erguidos, se requieren una multitud de núcleos locomotrices conexos, que abarcan diversas áreas del sistema nervioso central. Estos incluyen la médula espinal, la corteza cerebral, el cerebro y el cerebelo o el sistema límbico. Dado que todos estos centros están inevitablemente conectados a influencias emocionales, es evidente por qué la salud psicológica es tan relevante para las habilidades motoras humanas. Si los niños o los adolescentes se ven perturbados en su desarrollo en términos emocionales, esto también puede implicar consecuencias con respecto a sus habilidades motoras. Por otro lado, la motricidad es responsable de muchos aspectos más que solo las acciones de estar de pie, andar o moverse y, en concreto, el hablar también está directamente relacionado con las habilidades motoras. Desde una observación más exhaustiva, incluso podemos señalar que la capacidad de hablar es una de las habilidades motoras finas más exigentes de las que somos capaces. Para tomar conciencia de la complejidad de esta habilidad, debemos analizarla más de cerca. Para hacerlo, piensa en cualquier oración que se te ocurra y dila en voz alta. Preste especial atención a los movimientos que hacen la lengua y los labios y los diferentes patrones de movimiento individuales. Seguramente, te habrás dado cuenta de lo complejo que es en realidad este proceso, aunque nos parezca muy natural. Sin embargo, si motricidad se detiene o se ve afectada por problemas psicológicos o de otro tipo durante el desarrollo, es mucho más difícil para los niños o adolescentes aprender e interiorizar estas habilidades motoras multifacéticas.

«En general, las diversas actividades físicas contribuyen de manera significativa a aumentar la propia habilidad. Si un niño no tiene o no utiliza suficientes oportunidades de ejercicio, existe el riesgo de deterioro en la autoestima, que también está determinada por las habilidades físicas. Si un niño supone que es torpe y poco hábil porque sus compañeros parecen pensar que sí, puede responder apartándose de las situaciones sociales y puede negarse a jugar porque tiene miedo de avergonzarse de su falta de habilidad. Como resultado, la ya insuficiente oportunidad de practicar ejercicio podría reducirse aún más. Si, en cambio, los niños adquieren un alto nivel de destreza física durante la escuela primaria, dispondrán de una buena posición y requisitos para disfrutar de una gran popularidad entre sus compañeros.[35] Un niño aprende en la vida desde temprano que su apariencia y sus habilidades físicas influyen en la forma en la que los demás lo tratan, y esta a su vez influye en las actitudes que desarrollará hacia sí mismo a través de su comportamiento[36]».

Si no estás seguro de si tu descendencia lleva un retraso en su desarrollo motor, puedes consultarlo con un psicólogo clínico que realizará pruebas exhaustivas para averiguar si la motricidad progresa con la edad o si existen trastornos que deben tratarse. Para ello, no solo se examina el desarrollo motor, sino que el especialista observará el desarrollo general del niño. Entre otros aspectos, es importante averiguar si se pueden reconocer patrones de comportamiento patológico que no pertenezcan al proceso regular de desarrollo. Cuanto antes se realicen estas pruebas, más fácil será que los niños se involucren, pues la mayoría de las pruebas correspondientes se asemejan más a un juego y menos a un reconocimiento médico. Los ejercicios más conocidos y más extendidos incluyen saltos, saltar con una sola pierna o ponerse de pie sobre una de ellas con los ojos cerrados. Los especialistas con una filosofía moderna también graban estas pruebas en vídeo para que puedan ser evaluadas en detalle.

---

[35] Cratty, Bryant J. (1986): *Perceptual and Motor Development in Infants and Children*, Prentice-Hall, Nueva Jersey

[36] Mietzel, Gerd (2002): *Wege in die Entwicklungspsychologie – Kindheit und Jugend* (Pasos hacia la psicología del desarrollo: infancia y adolescencia), Beltz Verlag, Weinheim, p. 295

¿Con qué frecuencia ocurren los trastornos motores en niños y adolescentes y cuáles son las causas?

Según los estudios actuales, el porcentaje de niños en edad preescolar que presentan trastornos motores se puede establecer en alrededor del cinco por ciento. En los estudios de acceso a la escuela, por otro lado, se ha demostrado que entre el cinco y el diez por ciento aproximado de los niños examinados padecen algún trastorno. Es evidente que los niños se ven afectados casi el doble que las niñas de la misma edad y, en la mayoría de los casos, se ha observado que los trastornos motores suelen ir acompañados de trastornos sensoriales. Esto significa que, en gran medida, están relacionados directa o indirectamente con problemas de visión o audición y, especialmente en los niños con discapacidad auditiva, su equilibrio también suele verse afectado. Otro estudio que se llevó a cabo en Suecia en la década de 1970 pudo documentar otras conexiones. Los investigadores observaron que los niños con problemas de conducta suelen sufrir con mayor frecuencia trastornos en la motricidad que aquellos cuyo comportamiento no se describe como anormal.

En cuanto a las causas, estas pueden ser muy diversas y, en muchos casos, se deben a influencias orgánicas, que incluyen inflamación crónica, trastornos convulsivos, anomalías cromosómicas y retrasos en la etapa de la madurez. No obstante, los factores psicológicos también pueden ser decisivos para los trastornos motores: una escasa atención, maltrato dentro del hogar o entre los amigos, así como el estrés psicológico prolongado o enfermedades graves en el entorno familiar también han demostrado ser factores determinantes.

Opciones de tratamiento en trastornos del desarrollo motor

Si las habilidades motoras de tu hijo no se han desarrollado del todo, esta circunstancia no es motivo para entrar en pánico inmediatamente, y la buena noticia es que la mayoría de los atrasos en el desarrollo motor se pueden tratar. Aunque no se puede garantizar en todo momento que la etapa de desarrollo alcance un nivel normal a pesar de la acción terapéutica, casi siempre es posible lograr una mejora significativa. De hecho, incluso los niños con evidentes déficits sensoriales o discapacidades intelectuales pueden acercarse al nivel de rendimiento normal con la ayuda de un entrenamiento especialmente diseñado.

Estos **programas de formación** incluyen:

× El entrenamiento motor perceptivo según Kephard	× La terapia por integración sensorial según Ayres	× El entrenamiento cinestésico según Laszlo y Bairstow

A lo largo de los años, la investigación en este ámbito ha mejorado paso a paso y los programas citados son opciones demostrablemente viables para compensar las deficiencias. Ahora bien, en este punto conviene señalar que actualmente existe una gran cantidad de opciones preventivas, por lo que, si deseas proteger a tu hijo de cualquier alteración a una etapa temprana, debes tomarte en serio un aspecto importante y es que, en la actualidad, la medicina convencional está convencida de que una gran parte de los trastornos del desarrollo se pueden eliminar mediante terapias precoces para los trastornos de conducta notorios. Por este motivo, no debes dudar si detectas alguna anomalía, algo que también recomiendan los científicos y médicos. En su opinión, no solo es sensato, sino incluso necesario, corregir los déficits de motricidad infantil y mejorar la capacidad de rendimiento, ya que la movilidad reducida es responsable de que los niños puedan ser excluidos de las actividades con otros niños de la misma edad. La consecuencia puede ser una reducción considerable de la autoestima, que genera un círculo vicioso. Por otro lado, como ya se mencionó, los aspectos psicológicos también son responsables del desarrollo de las habilidades motoras. Para lograr el éxito real a través de los ejercicios, estos nunca deben convertirse en una obligación para el niño y es importante asegurarse de que todos ellos se combinen con la mayor diversión posible, ya que así se incrementa al mismo tiempo la motivación. El objetivo es fomentar una alegría natural en el movimiento y, de esta manera, fortalecer la confianza en el propio rendimiento motriz. Además, después de una terapia exitosa, el niño puede volver a jugar con otros niños según su nivel de edad.

Debemos saber que, como padres, podemos hacer una contribución decisiva al éxito de la terapia o del entrenamiento y que, en primer lugar, nos referimos a la aceptación. Como progenitores, debemos ser conscientes de la situación de que nuestros hijos no sean tan hábiles como otros niños y que es posible que nunca lleguen a ese punto. Por otro lado, también debemos procurar no cuidar demasiado a nuestros hijos debido al trastorno en el desarrollo de la motricidad, pues nadie recibe ayuda si la descendencia está sobreprotegida o especialmente a salvo en una situación de este tipo. En cambio, el enfoque debe estar en la creación constante de nuevos estímulos para el niño, moviéndose de forma independiente y participando en actividades que instruyan o entrenen particularmente las habilidades motoras. De vez en cuando, puede ser necesario un pequeño empujón para convencerlos a participar en actividades como el ciclismo o la natación, aunque nunca debe hacerse bajo coacción, a la vez que hay que evitar proteger a nuestros hijos de la realización o exclusión de cualquier actividad. De lo contrario, aumentará el riesgo de que el niño abandone cada vez más los retos de movimiento y que los evite. Sin embargo, esto no debe hacerse bajo ninguna circunstancia, ya que las consecuencias en términos del desarrollo motriz serían incluso más difíciles de prevenir.

El ejercicio regular, voluntario y divertido es el mejor que se puede ofrecer a nuestros hijos en este momento y, naturalmente, podemos utilizar algunos trucos para impulsar la motivación y animar a nuestro hijo.

Si los pequeños no se atreven a participar en una actividad, podemos crear pequeños estímulos en forma de recompensas, por ejemplo, un principio que utilizan hoy en día los atletas para seguir avanzando. ¿Te suena el término *cheat-day*? Se trata de un día de la semana o mes muy especial en el que los atletas de fuerza y resistencia en particular se recompensan. Si bien dependen de una dieta saludable en su vida diaria para mantenerse en forma y apoyar sus planes de entrenamiento, se recompensan a sí mismos por sus esfuerzos en esa fecha especial y pueden comer todo lo que les prohíbe el plan de entrenamiento y la nutrición. El mismo principio también se puede utilizar para fomentar la motivación de los niños cuando se trata de aumentar el rendimiento de la motricidad. Promételes a tus hijos una recompensa si se animan a salir en bicicleta, correr o nadar, por ejemplo, que no tiene por qué ser grandiosa o costosa. Basta si tiene un efecto beneficioso sobre la motivación.

Por otro lado, la recompensa en forma de estímulo verbal tampoco debe olvidarse, pues el apoyo oral también puede suponer un gran impulso. Cualquiera que reciba un elogio desde el exterior por practicar deporte o hacer sus deberes también se sentirá significativamente mejor por reconocerse sus logros. En consecuencia, primero tendrás que crear un incentivo para motivar a tu hijo a realizar ciertas actividades ofreciéndole una recompensa y, una vez conseguido el objetivo, no solo le darás el premio, sino también un aplauso verbal extra. Poco a poco, nuestros hijos llegarán incluso a sentirse ansiosos por realizar cualquier actividad, ya que también notarán un avance en el rendimiento. En definitiva, la motivación es lo más importante y lo que siempre hemos de tener en cuenta.

«El nivel de **autoestima** no solo está determinado por el grado de cercanía al ideal en un área muy valorada, sino que también, según las investigaciones de Harter, depende del estímulo y reconocimiento que un niño recibe en general de personas importantes de acuerdo con su impresión subjetiva; por regla general, se trata principalmente de padres y compañeros de la misma edad. Si un niño llega a la conclusión de que otras personas importantes lo aceptan y reconocen por lo que es, es más probable que tenga una mayor autoestima que alguien que reciba menos apoyo de las mismas personas. Por tanto, el desarrollo de la autoestima depende como mínimo de dos requisitos y, si uno no se cumple lo suficiente, el segundo no puede compensarla ni en las circunstancias más favorables.

Esto quedó demostrado en los alumnos de tercero y cuarto. Algunos de ellos asumían que se acercaban en gran parte a las concepciones ideales de un área muy valorada, pero mostraban una autoestima reducida porque consideraban que el reconocimiento y la aprobación de las personas importantes eran demasiado bajos. Y lo mismo pasa al contrario: un niño puede recibir el apoyo de personas importantes, pero puede tener una autoestima más baja porque constantemente se da cuenta de que es incapaz de satisfacer sus propias demandas en un área muy valorada como, por ejemplo, en el ámbito escolar o deportivo».[37]

---

[37] Mietzel, Gerd (2002): *Wege in die Entwicklungspsychologie – Kindheit und Jugend* (Pasos hacia la psicología del desarrollo: infancia y adolescencia), Beltz Verlag, Weinheim, Weinheim, p. 296

11. CONCLUSIÓN

El desarrollo psicológico de los niños es uno de los procesos más complejos que existen en la vida. La interacción de los diversos factores contribuye por sí sola al hecho de que los trastornos menores del desarrollo incluso pueden generar problemas permanentes y graves. Por ello, es aún más importante que a los niños se les enseñe una amplia variedad de habilidades en una etapa temprana. Aunque ellos mismos son capaces de fomentar muchas capacidades, este desarrollo también está sujeto a una gran cantidad de influencias externas. En este sentido, la competencia social es fundamental porque, si esta es limitada, también afecta los procesos cognitivos y, además, si no se entrena adecuadamente, puede ser difícil que se desarrolle. En ocasiones, las consecuencias de este subdesarrollo pueden ser graves y causar un fuerte impacto en la vida posterior. De hecho, se ha llegado a la conclusión de que los niños con pocas habilidades sociales desarrolladas son mucho más propensos a las agresiones que los niños socialmente estables. También existe un mayor riesgo de que no sea posible establecer contactos sociales o solo unos pocos. Cuanto más mayores y más autorreflexivos se vuelven estos niños, habrá más probabilidad de que acaben en una espiral descendente de la que difícilmente puedan salir. Se sentirán cada vez más aislados de la sociedad y se irán retirando de forma gradual, ya que también pierden la confianza en sí mismos para poder acercarse a otras personas. Además, tampoco les es posible tratar con las convenciones y reglas sociales habituales, pues las suelen ignorar o rechazar y, además, les ocasionan dificultades de aprendizaje. Esto se debe al hecho de que dichas reglas o convenciones no funcionan como deberían y dan lugar a un impulso automático que inconscientemente pone en duda el establecimiento de metas en los deberes o las tareas.

El nivel emocional infantil también es un aspecto importante del desarrollo, cuya base es la mejor relación posible entre el niño y sus padres. Si los hijos se sienten seguros, amados y cuidados, afrontarán las tareas que tienen por delante con más confianza en sí mismos. Además, la conexión original también es crucial para el desarrollo del concepto de uno mismo, que incluye la autoestima y el autoconcepto. Cuanto mayor sea el autoconcepto de un niño, más fácilmente podrá integrarse posteriormente en las estructuras sociales.

Por último, pero no menos importante, conviene volver a señalar explícitamente que los padres pueden influir en el desarrollo de sus hijos de muchas formas. No solo sirven como modelos a seguir y representan a los cabezas de familia, sino que son las personas del entorno más cercano de los niños de quienes más pueden aprender. En realidad, en tan solo unos meses después de nacer, los ejercicios específicos pueden ayudar a mejorar las funciones sensomotoras mediante las que el niño aprende a utilizar sus sentidos desde el principio, a usar su cuerpo y a moverlo de manera específica. Por otro lado, lo mismo se puede aplicar a la inteligencia de un niño. Nuestros genes ya dictan la cantidad de potencial que tenemos y este puede ser totalmente diferente de una persona a otra. Ahora bien, al educar a nuestros hijos, debemos tener en cuenta el hecho de que ningún ser humano es naturalmente capaz de aprovechar todo el potencial de su inteligencia, por lo que puedes utilizar esta circunstancia de manera específica y animar a tu hijo a hacerlo. Además de una relación intacta que transmita valores como la moralidad y las convenciones sociales, debes considerarla como una de tus principales tareas porque no cuesta nada: léele libros, anímalo a leer mucho y déjalo jugar con otros niños desde pequeño. De este modo, aprenderán a tratar con otras personas desde una etapa temprana y podrán asimilar los procesos cognitivos con mayor rapidez y, sobre todo, hacer un mejor uso de ellos que los niños a quienes se les niegan estas oportunidades. Hemos de tener siempre en cuenta que estas decisiones no las toman nuestros hijos porque, a una edad temprana, todavía son demasiado pequeños para esas cuestiones. Tarde o temprano desarrollarán su independencia y seguirán su propio camino, pero hasta entonces somos nosotros quienes tenemos la mayor influencia en su vida posterior. La manera de tratar a nuestros hijos será más formativa que cualquier otra experiencia. Ahora bien, nunca se debe ejercer presión, agresión ni violencia. Los niños tienen que aprender primero de forma lúdica y, con el tiempo, ya conocerán la seriedad de la vida por sí mismos. Está en nuestras manos preparar a nuestros hijos lo mejor posible.

Aviso legal

La obra que incluye todo el contenido está protegida por derechos de autor. La reimpresión o reproducción en su totalidad o en parte, así como el almacenamiento, tratamiento, la duplicación y distribución en su totalidad o en parte mediante sistemas electrónicos están prohibidos sin el consentimiento por escrito del autor. Todos los derechos de traducción reservados.

El contenido de este libro se ha investigado a través de fuentes reconocidas y se ha revisado con el máximo esmero. No obstante, el autor no asume ninguna responsabilidad por la actualidad, la exactitud y la integridad de la información proporcionada.

Se excluyen las reclamaciones de responsabilidad contra el autor que se refieran a daños de naturaleza médica, material o ideológica ocasionados por la utilización o no utilización de la información proporcionada, o bien por el uso de información incorrecta e incompleta, a menos que el autor haya demostrado ser culpable o negligente. Este libro no sustituye al asesoramiento ni a la asistencia médica o profesional.

Este libro se refiere al contenido de terceros. Por el presente documento, el autor declara expresamente que, en el momento de la inserción de los enlaces, no se detectó ninguna página con contenido ilegal reconocible. El autor no tiene influencia sobre los contenidos vinculados. Por ello, se desvincula explícitamente de todos los contenidos de todas las páginas enlazadas que se modificaran después de la inserción de los enlaces. En caso de contenidos ilegales, incorrectos o incompletos y, en particular, de daños por la utilización o no uso de la información ofrecida, el responsable será solo el proveedor del sitio al que se hiciera referencia y no el autor de este libro.

Bibliografía

Arbinger, Roland (2001): *Entwicklung des Denkens* (Desarrollo del pensamiento)

Brunner, Martin; Keller, Ulrich; Dierendonck, Christophe; Reichert, Monique; Ugen, Sonja; Fischbach, Antoine; Martin, Romain (2010): *The Structure of Academic Self-Concepts Revisited – The Nested Marsh/Shavelson Model.* En: Journal of Educational Psychologie, vol. 102 (4), p. 964-981

Burghardt. Daniel (2014): *Homo spatialis – Eine pädagogische Anthropologie des Raums* (Homo spatialis, una antropología educativa del espacio), Beltz Verlag, Weinheim, Basilea

Byrne, Barbara M. (1996): *Measuring self-concepts across the life span – Issues and instrumentation*, American Psychological Association, Washington D.C.

Cratty, Bryant J. (1986): *Perceptual and Motor Development in Infants and Children, Prentice-Hall*, Nueva Jersey

Dittmar, Vivien (2014): *Kleine Gefühlskunde für Eltern – Wie Kinder emotionale und soziale Kompetenz entwickeln* (Conocimientos emocionales mínimos para padres: cómo desarrollan los niños las habilidades emocionales y sociales), 4ª edición, Verlag VCS Dittmar

Eckert, Marcus; Tarnowski, Torsten; Merten, Luise (2019): *Stress- und Emotionsregulation für Jugendliche – Trainingsmanual zum Programm Stark im Stress* (Control del estrés y de las emociones para jóvenes: Manual de formación del programa *Stark im Stress*), Beltz Verlag, Weinheim, Basilea

Ehm, Jan-Henning; Duzy, Dagmar; Hasselhorn, Marcus (2011): *Das akademische Selbstkonzept bei Schulanfängern – Spielen Geschlecht und Migrationshintergrund eine Rolle* (El autoconcepto académico en los niños que empiezan su etapa escolar: El papel que juegan el género y el origen inmigrante). En: Frühe Bildung, 0, Hogrefe Verlag, Göttingen, p. 37-45

Filipp, Sigrun-Heide (2006): *Entwicklung von Fähigkeitsselbstkonzepten* (Desarrollo de habilidades autoconceptuales). En: Zeitschrift für Pädagogische Psychologie, vol. 20, p. 65-72

Götze, Alexandra; Ziegenbalg, Steffi; Mälzer, Yvonne (2018): *Förderung der emotionalen und sozialen Entwicklung von Kindern im Anfangsunterricht der Grundschule* (Fomento del desarrollo emocional y social de los niños en las primeras etapas de la escuela primaria), Sächsisches Staatsministerium für Kultus (Hrsg.), p. 3

Groen, Gunter; Petermann, Franz (2011): *Depressive Kinder und Jugendliche* (Niños y adolescentes deprimidos) 2ª edición, Hogrefe Verlag, Göttingen

Guerra, Nancy G.; Bradshaw, Catherine (2008): *Linking the Prevention of Problem Behaviors and Positive Youth Development – Core Competencies for Positive Youth Development and Risk Prevention*. En: Guerra, Nancy G.; Bradshaw, Catherine (Hrsg.): *New Directions for Child and Adolescent*, volumen 122, p. 1-17

Hörburger, Renate (2002): *Selbstbewusstsein – Wie Erwachsene sich und ihre Kinder stärken* (Autoestima: cómo se fortalecen los adultos a sí mismos y a sus hijos), 2ª edición, Klett-Cotta Verlag

Jugert, Gert; Rehder, Anke; Notz, Peter; Petermann, Franz (2017): *Soziale Kompetenz für Jugendliche – Grundlagen und Training* (Habilidades sociales para jóvenes: fundamentos y formación), 9ª edición, Beltz Verlag, Weinheim, Basilea

Kasten, Hartmut (1991): *Beiträge zu einer Theorie der Interessenentwicklung* (Contribuciones a la teoría del desarrollo de intereses)

Kasten, Hartmut (2014): *Entwicklungspsychologische Grundlagen der frühen Kindheit und frühpädagogische Konsequenzen* (Fundamentos psicológicos del desarrollo de la primera infancia y consecuencias educativas tempranas)

Largo, Remo, H. (2019): *Das passende Leben – Was unsere Individualität ausmacht und wie wir sie leben können* (La vida correcta: lo que define nuestra individualidad y cómo podemos vivirla), Zeitverlag Gerd Bucerius, Hamburgo

Lehnert, Folker; Felicitas, Lehnert (2012): *Ehe in der Teeniekrise – Wenn Eltern in die Pubertät ihrer Kinder kommen - 12 Denkanstöße* (Matrimonio en la crisis adolescente: Cuando los padres se acercan a sus hijos en la pubertad-12 aportaciones interesantes), Neukirchener Verlagsgesellschaft, Neukirchen- Vluyn

Lerner, Richard M.; Lerner, Jacqueline; Almerigi, Jason; Theokas, Christina; Phelps, Erin; Gestsdottir, Steinunn; Naudeau, Sophie; Jelicic, Helena; Alberts, Amy; Ma, Lang; Smith, Lisa; Bobek, Deborah (2005): *Positive Youth Development Programs, and Community Contributions of Fifth-Grade Adolescents – Findings*

From the First Wave Of the 4-H Study of Positive Youth Development. En: Sage Publications: Journal of Early Adolescence, vol. 25 (1), p. 17-71

Lind, Georg (2019): *Moral ist lehrbar – Wie man moralisch-demokratische Kompetenz fördern und damit Gewalt, Betrug und Macht mindern kann* (La moralidad se puede enseñar: cómo fomentar la competencia moral-democrática y así reducir la violencia, el engaño y el poder). 4ª edición, Logos Verlag, Berlín

List, Gudula: *Kognition und Sprache – Kindlicher Spracherwerb in Verbindung mit Kognition und kindlichem Handeln aus entwicklungspsychologische Sicht* (Cognición y lenguaje: adquisición del lenguaje infantil en relación con la cognición y el comportamiento del niño desde la perspectiva del desarrollo)

Mahmoudi, Armin; Moshayedi, Golsa (2012): *Life Skills Education for Secondary. In: Life Science Journal*, vol. 9 (2), p. 1155-1158

Marsh, Herbert W. (1986): *Verbal and math self-concepts – An internal/external frame of reference model*. En: American Educational Research Journal, vol. 23 (7), p. 129-149

Marsh, Herbert W.; Shavelson, Richard (2010): *Self-Concept: Its Multifaceted, Hierarchical Structure*, vol. 20 (3), p. 107-123

Mietzel, Gerd (2002): *Wege in die Entwicklungspsychologie – Kindheit und Jugend* (Pasos hacia la psicología del desarrollo: infancia y adolescencia), Beltz Verlag, Weinheim

Montada, Leo; Lindenberger, Ulman; Schneider, Wolfgang (2012): *Fragen, Konzepte, Perspektiven* (Preguntas, conceptos, perspectivas). En: *Entwicklungspsychologie* (Psicología del desarrollo), Schneider, Wolfgang; Lindenberger, Ulman (Hrsg.), Beltz Verlag, Weinheim, Basilea

Pfeffer, Simone (2019): *Sozial-emotionale Entwicklung fördern – Wie Kinder in der Gemeinschaft stark werden* (Fomento del desarrollo socioemocional: cómo los niños se vuelven fuertes en una comunidad), Herder Verlag, Freiburg

Psychotherapeuten Kammer NRW: Depressive Kinder und Jugendliche (Cámara de Psicoterapeutas de Renania del Norte-Westfalia: niños y adolescentes deprimidos)

Raffauf, Elisabeth (2011): Pubertät heute – Ohne Stress durch die wilden Jahre (Pubertad hoy: Sin estrés durante los años incontrolables), Beltz Verlag, Weinheim, Basilea

Raser, Jamie (2012): *Erziehung ist Beziehung – Sechs einfache Schritte, Erziehungsprobleme mit Jugendlichen zu lösen* (La educación es una relación: Seis pasos simples para resolver problemas de educación en adolescentes), Beltz Verlag, Weinheim, Basilea

Rauscher, Karl-Heinz (2004): *Jugendliche verstehen – Konflikte lösen* (Comprender a los jóvenes: resolver conflictos), Herder Verlag, Freiburg

Scheck, Stephanie (2014): *Das Stufenmodell von Erik H. Erikson* (El modelo de etapas de Erik H. Erikson), Bachelor + Master Publishing, Hamburgo

Stahl, Stefanie; Tomuschat, Julia (2018): *Nestwärme die Flügel verleiht – Halt geben und Freiheit schenken - wie wir erziehen, ohne zu erziehen* (El calor del hogar da alas, brinda apoyo y concede libertad: cómo educamos sin educar), GU Verlag

Stier, Bernhard; Höhn, Katja (2017): *Abenteuer Pubertät* (La aventura de la pubertad), Kösel-Verlag, Múnich

Voelchert, Mathias (2017): *Liebevolle elterliche Führung – Das Praxisbuch* (Guía amorosa de los padres: el libro de práctica), Beltz Verlag, Weinheim, Basilea

Made in the USA
Las Vegas, NV
14 April 2024

88688665R00075